论语别解

阮华杰◎译注

台海出版社

图书在版编目（CIP）数据

论语别解 / 阮华杰译注 . -- 北京：台海出版社，
2025. 7. -- ISBN 978-7-5168-4239-3

Ⅰ. B222. 25

中国国家版本馆 CIP 数据核字第 2025H24N54 号

论语别解

译　　注：阮华杰

责任编辑：戴　晨

出版发行：台海出版社

地　　址：北京市东城区景山东街 20 号　　　　　　邮政编码：100009

电　　话：010-64041652（发行，邮购）

传　　真：010-84045799（总编室）

网　　址：www.taimeng.org.cn/thcbs/default.htm

E - m a i l：thcbs@126.com

经　　销：全国各地新华书店

印　　刷：三河市龙大印装有限公司

本书如有破损、缺页、装订错误，请与本社联系调换

开　　本：710 毫米 × 1000 毫米　　　　1/16

字　　数：268 千字　　　　　　　　印　　张：17.5

版　　次：2025 年 7 月第 1 版　　　　印　　次：2025 年 7 月第 1 次印刷

书　　号：ISBN 978-7-5168-4239-3

定　　价：98.00 元

自　序

　　《论语别解》对《论语》内容的采录，主要甄采于曾仕强、曾仕良先生的《论语的生活智慧》与李零先生的《丧家狗——我读〈论语〉》二书中对《论语》经义的不同解释，兼采其他孔学研究的善说，留待读者自行鉴别。

　　前人亦有从浩繁的卷帙中摘出旨要，汇编成集，如清朝刘宝楠所撰的《论语正义》。我虽不敢妄自比附前贤，但删繁就简以便读者浏览的目的，却是相同的。这样做，只希望本书能较广泛地传播一些尚可供读者参考的知识性与理论性的文字。本书采取比较阅读的方法，探讨古今学者对《论语》的不同理解，力求做出合情合理的解释，为人们学习与研究经典著作提供一种新的方法与思路。比较阅读，可使普通读者享受多维思考的阅读乐趣，治学者则能够拓展创新思维的空间。中小学生阅读《论语别解》，除了能提高古文阅读水平，还会明白经典著作是人类精神财富的宝库。只要善于利用这个宝库，汲取营养，就必定会发育良好，成为精神强健之人。

　　别解，包括多解与曲解。多解是允许的，只要合情合理；曲解则应纠正。合情，就是合乎语言情境；合理，就是合乎人物思想体系及时代背景等。

　　造成多解的原因，主要有以下几点：

　　一是一词多义、古今异义、通假字、省略句等。例如，子曰："以约失之者，鲜矣。""约"有约束节制、口头约定、节俭节约等意思，由于对文字的不同解释，阐发的经义也就不同。或严以律己，或谨言慎行，或宁俭勿奢，这都是因"约"字多义而引发的多种解读。

再如《论语》中子见南子一章里孔子的矢词："予所否者，天厌之！天厌之！"各家对此的注疏歧义最多。举其大端，可分为两类。一类训"矢"为"誓"，一类训"矢"为"陈"，前者为旧注，后者为新解。另外，关于"否"字，也有不同训诂，一训"否"为"不"，一训"否"为"否泰"之"否"。而孔子矢词中的"所否"究竟指什么，由于下有省文或阙文，却成千古疑义了，后来的注疏家不得不增字为训，歧义又是如此纷纭，使得对于后来的读者来说，变得难以索解。

二是由于紧缩句、断句等产生的歧义。例如"有教无类"可以有两种解释：一是人人都可以受教育，不分贫富、贵贱、智愚、善恶等；另一解释是，人虽有智与愚、孝与不肖之分，但通过教育可以消除这些差别。前者将句子视为条件关系，后者则视为承接关系。

另外，古代文章没有标点符号，断句的不同也会导致歧义。如"民可使由之，不可使知之"，就有多种读法，从而引发不同的理解。读法一："民可使由之，不可使知之。"（译文：可以让百姓按照我们指引的道路走，不需要让他们知道为什么。）读法二：民可使，由之；不可使，知之。（译文：如果百姓能听从，就顺其自然；如果不听，就要让他们明白为什么。）读法三："民可，使由之；不可，使知之。"（译文：民众的知识与素质达到一定程度了，就要给他们足够的自由权力去做他们想做的事；如果民众的知识与素质还比较低，就教育他们，使他们提高自己的素质。）

三是由于对儒学的思想体系与时代背景把握程度不同而产生歧义。例如"子见南子，子路不说（悦）"这一章，关于孔子见南子（貌美却有淫行），是否合乎礼法，就有不同说法。一说孔子周游列国，意在得位行道，南子派人约见，他不能不见，子见南子合乎古大享之礼。另一说则认为，考诸《礼》并无此说，若合礼，子路何不悦？孔子又何必作矢（誓）词。退一步说，即使合乎礼，是否就一定要应邀拜见？此第二说，没有故弄玄虚说什么圣人言行难测，无可不可，而是采取一种比较实事求是的态度。

如今本书即将出版，我得以实现夙愿，将此书奉献给我敬爱的父亲阮为玑。先父生于 1930 年 6 月 6 日，殁于 2023 年 5 月 13 日。他一生崇尚儒道，坚守善道，对事业和爱情守一不移。他的人生态度与生活智慧，在其专著《竹林庐随笔》中得到了集中体现。他曾多次建议将《论语别解》文稿编印成书，并亲手题写书名。当时我认为这些文稿不过是几篇读书笔记，袭取别人的皮毛，其后果是毁弃了自己的本性，从而渐渐地失去了独立研究与自由发展之精神。这与我的恩师吴先生关于"文章的立论与阐发不陈腐，不迂阔，可成一家之言，虽无金科玉律，却不乏真知灼见"的治学主张格格不入。因而一向为学疏怠的我，就将文稿封锁在抽屉里，这一尘封竟达五载之久。直至今年暑期，我翻阅了王元化先生的《思辨随笔》一书后，便产生了新的想法。只要我们不慕浮名虚荣，就没有太多的顾虑。如今《论语别解》编印成书，也算是给先父嘱咐的一个交代。

在整理过程中，由于我经验不足、知识有限，尽管已尽力而为，但书中难免仍有疏漏和错误之处，恳请读者批评指正。

谨此为序。

自序

目　录

学而第一

1.1

子曰："学而时习之，不亦说乎？"

一、孔子说："学习知识并能按时温习，不是很喜悦吗？"

二、孔子说："向世间万物学习，以自然为老师，把所学常常在生活中实践，形成习惯，不是很喜悦吗？"（"学天时习之，不亦说乎？"）

三、孔子说："为人做学问，能时常在生活中研习并实践，不是很喜悦吗？"

解读

一、学习知识应能按时复习，"时"作"按时"解。若"时时"重复，反而降低了学习的乐趣。

二、孔子一向重视知行合一，学到的知识技能，一定要在日常生活中实践出来，进而养成习惯，如果真的习惯成自然，当然令人喜悦。

三、学问，不纯粹是书本知识，"世事洞明皆学问，人情练达即文章"，为人处世之道，应时时观察、思考、研习、实践，有所感悟，自然获益，令人喜悦。"学而时习之，不亦说乎？有朋自远方来，不亦乐乎？人不知而不愠，不亦君子乎？"孔子好学，把学习当作快乐，认为求知的快乐比求知本身还重要。这三句共同点是快乐，被认为是"孔门三乐"，表示儒家弟子，应培养这三种乐趣，来增进自己的修养，并使和自己交往的人也获得安宁，大家和谐相处。

论语别解

1.7

子夏曰："贤贤易色。"

今译

一、子夏说："要重视德行，用敬重贤能的心态去替代追求美色的心态，或者说要像追求美色一样去追求德行，将那种对美色的喜爱转移到对贤能人士的敬重上。"（色，女色，美色。）

二、子夏说，当我们看到一个人学问渊博、修养良好、本领高强时，就会由衷地肃然起敬，我们的态度也会随之改变，变得更加敬重和钦佩。（色，态色，态度。）

解读

一、贤贤易色，前一个"贤"字是动词，即以贤为贤，尊重贤人，推崇贤人。前人对"易"字有三种理解：代替、改易、轻视。采取第一种说法最好。贤贤易色，就是孔子两次提到的"好德如好色"（《子罕》《卫灵公》）。它的意思是，要像好色一样好德。这里的"色"指的是女色、美色。孔子并非要人们戒绝美色，而是强调在追求美色的同时，更应该去敬重贤德之人。这种敬重应该是发自内心的、情不自禁的，就像人们自然而然地被美色所吸引那样。子夏提出的"移好色之心以好贤"的观点，正是对孔子这一教导的深刻领会。

二、这个"色"字很简单，就是态度、形色。看到一个人学问修养好、本事大，就肃然起敬，这是人的普通心理。不管一个人是好是坏，看到一个好人，总会不自觉地对这个好人比较友善，这是人之常情。

1.8

子曰："君子不重，则不威；学则不固。主忠信。无友不如己者。过，则勿惮改。"

今译

一、孔子说："君子若不庄重，则失其威严，难以赢得他人敬重。唯有博学多才，方能避免偏执。欲获人尊重，当亲近忠诚守信之士，勿与不如己者为伍。有过失时，切勿碍于面子，当立即下定决心改正。"

二、孔子说："君子若不自重，便无威风凛凛之态。缺乏自重，则显轻浮，学问与修行亦难以稳固。行事须忠诚，言出必行。勿轻视任何人，当见人之长，察己之短，如此则无惧改过。"

解读

一、我们希望被别人看得起，必须多多学习，以免由于见闻不多而固执己见。向比自己高明的人请教，反省自己时，发现有任何过失，都应该下定决心，不再犯第二次。"见贤思齐，见不贤而内自省也。"（《里仁》4.17）

二、一个人若不自信、不自重，这个学问是不稳固的，这个知识对你没有用，因此我们必须建立起自己的人格、自己的信心来。不要看不起任何一个人。上一句是自重，下一句是尊重人家。我们既然要自尊，同时要尊重每一个人的自尊心，更应注意"不因其人废其言，不因其言废其人"。好人可能说坏话，坏人可能说好话，同一个人的话也有好有坏。

1.9

曾子曰："慎终，追远，民德归厚矣。"

今译

一、曾子说："为亲长送终，当竭尽礼仪与哀思；祭祀远祖，需心怀诚敬与追念，如此方能促使社会风气归于敦实淳厚。"

二、曾子说："倘若人人于行事之前，皆能细思其动机与初衷，并预见其后果，则民风自能趋于淳厚，错失之事亦将大为减少。"

解读

一、古人尊重老者，同时也敬奉逝者。他们不仅敬重新近去世的人，对那些已经逝去很久、与自己相隔甚远的祖先也同样怀有敬意。"追"字与祭祀相关，但其本意并非指祭祀，而是指追随、追念和缅怀。祭祀祖先，表示不忘根本。我们借着祭祀来联系不同世代的家人，以增进家人的沟通与感情，增强家族的凝聚力，为家族的荣耀而尽心尽力。

二、慎终的概念可以进一步扩展为慎始善终，这一理念在为人处世方面同样适用，有助于我们追求更加圆满的人生。一开始考虑周密，处事正确不犯错，并且确保过程良好，结果当然善终。

1.11

子曰："父在，观其志；父没，观其行；三年无改于父之道，可谓孝矣。"

今译

一、孔子说："父亲在世时，要观察做儿子的志向；父亲离世后，要考察他的行为。如果在守丧的三年里，能够始终不改变父亲在世时的所有言行原则，这样的人就可以称得上是孝子了。"

二、孔子说，父母在世时，言行要一致；父母不在世了，乃至守丧的三年期间，言行依然要一致，要诚恳老实。说到做到，不轻易改变父亲所传之道，在这三年时间里，对父母的敬爱与怀念之情不曾淡薄，始终保持言行一致，这样的行为，才是孝子的表现。

解读

一、父母健在时，子女应学习并继承他们的正直志向。当父母离世后，子女更应保持并发扬父母所教导的正当行为。至少在守丧的三年期间，子女应坚守不改变父母生前的言行态度，这样才能真正继承和发扬父母的精神，形成稳定的家风。

二、虽然孔子的这番话在当时的时代背景下有其合理性，但在现代社会中，我们需要对其进行理性的审视。真正的孝顺应该是对父母精神的合理继承与发扬，同时结合现代社会的价值观和法律规范，做出正确的判断和选择。因此，在理解和实践孔子的孝道观时，我们需要注入现代的理性思考。

1.14

子曰："君子食无求饱，居无求安，敏于事而慎于言，就有道而正焉，可谓好学也已。"

今译

一、孔子说："君子不贪求饮食的饱足和居处的安逸，勤敏做事，谨慎说话，亲近有德行的人来匡正自己，这样可以说是好学的人了。"

二、孔子说，君子不应过分追求生活的奢华，能安贫乐道，勤勉于事务，言语需谨慎，从书本上去修正做人做事的道理，如此方可谓之好学。

解读

一、在人生中，提升自己的品德和修养是最为重要的。对于物质生活，只需达到小康水平便足矣，无需过分追求奢华。我们应该将更多的时间投入到自我充实和追求自己感兴趣的正当事业中。而最为可贵的品质是"就有道而正焉"，即能够虚心向有道德、有学问的人请教，这样才能更快地成长和进步。

二、君子不应贪图物质享受，而应注重精神层面的提升。"就有道而正焉"中的"道"，指的是学问和修养。那么，何处可以寻得这个"道"呢？古人的书中蕴含了深厚的"道"，我们可以通过阅读这些书来修正自己的处世哲学和人生态度。

为政第二

2.1

子曰："为政以德，譬如北辰居其所而众星共之。"

今译

一、孔子说："以道德来治理国家，就如同北极星稳固地处在它的位置上，而众多的星辰都自然而然地环绕着它，归向于它的引领。"

二、孔子说："用道德施政，就像北极星稳居天中，众星环绕拱卫。"

解读

一、北极星的位置固定不动，象征制度的确立。"众星共之"，表示制度的制定与落实，需要有良好品德的人来执行。孔子提倡以德治国，他希望当政者都是道德模范，以身作则，为全民树立榜样，而不是仅仅用道德来教化别人。

二、"为政以德"，内心有道，表现在外的行为就无懈可击。譬如北辰星，有中心的思想、中心的作风，以道德的感化，你在那里本身不要动，只要发号施令，下面的人就像满天的星辰，都在跟着你的方向动。

2.2

子曰："《诗》三百，一言以蔽之，曰'思无邪'。"

今译

一、孔子说："《诗经》有三百篇，用一句话来概括它的要旨，那就是：思想纯正，没有邪念。"

二、孔子说:"《诗经》三百篇,总而言之,其核心就是'思想正直无邪'。"

一、不论是长期贫穷后暴富而不知所措的人,还是由富转贫难以适应的人,都应读读《诗经》,学习其中秉持正道、保持本心的教诲,这样更容易做到随遇而安。

二、孔子提醒为政者,除了坚守正道、无邪念之外,还应培养如诗人般的情操,这样才能以温柔敦厚的态度,轻松愉快地施政。

2.3

子曰:"道之以政,齐之以刑,民免而无耻;道之以德,齐之以礼,有耻且格。"

今译

一、孔子说:"若仅凭政令来驾驭人民,依赖刑法来惩戒过失,百姓虽能暂且免于违法之虞,心中却无羞耻之感;而若以道德为指引,用礼教来熏陶,百姓自会心生羞耻,行为端正,且能心悦诚服。"(免,避免;格,正,纠正。)

二、孔子说,以法令和刑罚作为治国之本,虽能使百姓因惧怕而暂避罪责,却也让他们变得"逃避而无耻",心存侥幸,视违规为自由,羞耻心荡然无存。反之,若以道德礼教为治国之道,百姓自会心生敬畏,内心有约束,行为有规矩,严格遵守各项规定。(免,逃避;格,守规矩。)

解读

一、孔子认为，领导一个国家，如果以政治体制来领导，再用法制来管理，这样一来，一般人会逃避，钻法律的漏洞，还会自鸣得意，毫无羞耻心。若以道德来领导，每个人都有道德的涵养，不敢做不道德的事，这就达到了政治的目的。

二、法治是德治的基础，没有法治，德治很可能流于空谈。孔子主张，为政的最终目的是通过道德教化，使人民知耻，自动地遵循正道，不胡作非为。他并不反对法治，只是在德治未能完全实现之前，可以同时采用法治作为辅助。实际上，中国的政治传统，往往是道家、儒家、法家思想的综合应用。

2.5

孟懿子问孝。子曰："无违。"

今译

一、孟懿子向孔子问孝，孔子说："不要违背礼法。"

二、孟懿子向孔子问孝，孔子说："不违父母之言，不逆父母之志。"

解读

一、"无违"的意思，是不要违背父母和子女相处的道理，是合理的顺从，而不是盲目的顺从。不能不顺，也不能完全顺从，以合理为度。这句话的下文，当樊迟问"无违"是何义时，孔子答："生，事之以礼；死，葬之以礼，祭之以礼。"将"无违"解释为依礼侍奉父母和葬祭父母，便是一切以合理为度。

二、"无违"并不意味着必须绝对服从父母的每一个要求。存心不顺从，当然是不孝；若父母有错，你存心样样顺从，就会陷父母于不义，同样是不孝。"无违"主要强调的是避免直接顶撞父母，同时也不能表面顺从而背后违背。子女应该与父母进行坦诚的沟通，表达自己的难处，寻求他们的理解和支持。这样的和谐商议方式才是"无违"的真正体现。

2.6

孟武伯问孝。子曰："父母唯其疾之忧。"

今译

一、孟武伯向孔子问孝。孔子说："子女要做到只有疾病时，才会引起父母的担忧。"

二、孟武伯向孔子问孝。孔子说："子女唯恐父母生病。"

解读

一、通常父母处处为子女担忧，这就是子女的不孝，因为许多方面都让父母放心不下。如果子女言行端正，无需父母操心，只有偶尔生病时，才让父母担心，那就可以算是孝子了。

二、俗话说："久病床前无孝子。"能否伺候久病在床的父母，是对孝子孝心的最大考验。

2.8

子夏问孝。子曰："色难。有事，弟子服其劳；有酒食，先生馔，曾是以为孝乎？"

今译

一、子夏向孔子请教孝道。孔子回答道："要时刻保持和颜悦色地侍奉父母，这实在是一件难事。儿女难道仅仅是在家里有事需要帮忙时，才去操劳吗？有酒有饭时，让长辈去享用，就能算作是儿女尽孝了吗？"（馔，吃。）

二、子夏询问孔子关于孝道的问题。孔子说："儿子在父母面前经常展现出愉悦的容色，这是很不容易做到的。难道仅仅是在有事情需要处理时，年轻人出点力；有酒有饭时，让长辈去吃剩下的，这就能算是尽到了孝道吗？"（馔，剩下的酒食。）

解读

一、奉养父母时，最重要的是保持恭敬的态度和和颜悦色的面容。至于具体如何奉养，则要看子女的能力和条件，关键是要有诚心并尽力而为。

二、子夏问孝，孔子说"色难"。"色难"，意思是在侍奉父母时保持和颜悦色很难。为什么将这一节放在"为政"篇里呢？这其中包含了君道、臣道。君道是做长官、当领导人的；臣道是做部下、配合他人的。所以我们探讨为政之道，也涉及"色难"——在态度上很难做到尽善尽美，这其实就是从政应有的修养与态度，这才是真正的学问。比如，有些人说自己对下属十分爱护，可动不动把脾气都撒在他们身上，即便事后对他们再好，也无济于事了。

2.10

子曰："视其所以，观其所由，察其所安。人焉廋哉？人焉廋哉？"

今译

一、孔子说："观察一个人，首先要看他所做的事情，接着要了解他做这些事的动机何在，最后还要审察他做完这些事情后是否心安理得、快乐满足。一个人是邪是正，他的行为举止、内心想法，又怎么能掩藏得住呢？怎么可能掩藏得住呢？"

二、孔子说："评判一个人，要先看他现在的表现如何，再追溯他过去的行为怎样，最后还要预测他未来的走向。一切都摆在眼前，清清楚楚，他又怎么能掩藏得住自己的真实面目呢？怎么可能藏得住呢？"

解读

一、不要仅凭初步印象就判断一个人的品性，而应该逐步深入了解，先观察其行为，再分析其动机，最后体会其情感状态，并且需要多次观察才能下结论。人是复杂且会变化的，因此我们在评判时需要非常谨慎。同样的方法也适用于自我反省，以促进个人成长。

二、"视"是初步看，"观"是仔细观察，"察"是深入审视。我们观察历史通常从现在这个点出发，回溯过去并推测未来。了解一个人也是如此，需要全面而深入的了解。如果你对一个人有了彻底的了解，还有什么看不透的呢？

2.11

子曰："温故而知新，可以为师矣。"

今译

一、孔子说："温习以前所学而能体悟出新的道理，可以做别人的师长了。"

二、孔子说，认识了过去，就知道未来，这样，"可以为师矣"，过去就是你的老师，"前事不忘，后事之师也"。

解读

一、能够从已经学过的知识中产生新的理解和体会，这主要是因为个人有所进步。反过来，如果温习旧知识却无法产生新的认识，那就说明自己还没有进步。这时，需要更加用心地思考，学会举一反三，深入一层地去理解，这才是真正的温故而知新。

二、无论是个人还是国家，历史上的成功与失败都为我们提供了宝贵的经验。"温故而知新，可以为师矣"，这意味着我们可以通过学习过去的历史来预测和判断未来新事物的发展趋势。

论语别解

2.17

子曰："知之为知之，不知为不知，是知也。"

今译

一、孔子说："知道就是知道，不知道就是不知道，这样才是真正的知道。"

二、孔子说："我知其事，因知者而知；我不知其事，因不知者而不知，此乃真智也。"

三、孔子说："当知则知，不当知则虽知亦当不知（对于所知所解之人，则授以相应之知；对于不知所解之人，则勿妄言），此乃智慧之真谛也。"

四、孔子说："该知道的就必须去了解，不该知道的就不要去了解，这才是真正的智慧。"

解读

一、要虚心学习，不要不懂装懂。

二、对待不同的人有不同的方式，"知道某个知识"是为了"知道这个知识"的人（知之为知之），后半句同理。沟通要和一个层次的人说，有所保留这也是智慧。

三、治学应该有所选择。

2.24

子曰："非其鬼而祭之，谄也。见义不为，无勇也。"

今译

　　一、孔子说："不应当祭祀的鬼神而去祭拜，那就是谄媚。遇见应当做的事而不做，那就是没有勇气。"

　　二、孔子说："不是自己信奉的神祇和祖先而去祭拜，那就是拍马屁；遇见该做的事而不做，那算不上勇。"

解读

　　一、非其鬼而祭之和见义勇为，应该是两件不相关的事情。现在联系在一起，可能是为了使"不应该做而做""当做而不做"的对比更加凸显出来。做人做事，多问应该不应该，少问喜欢不喜欢。应该做而不做，不应该做反而做了，便是违反原则的不正当表现。

　　二、在古代，人们祭祀通常是对自己所信奉的神明和祖先表示敬意，若祭祀与自己无关的神明，则被视为谄媚。春秋战国之后，这样的现象愈发普遍，孔子对此表示不满。"见义不为"，"义"是宜的意思，即该做的事。面对应当做的事却选择逃避，不勇于承担，孔子认为这是缺乏勇气的表现。为政者应具备见义勇为的精神，对民众的苦难感同身受，这是治理国家的基石。

论语别解

八佾第三

3.1

孔子谓季氏："八佾舞于庭，是可忍也，孰不可忍也。"

今译

一、孔子评论鲁国大夫季氏："身为大夫竟僭用天子八佾舞，像这种人，如果我们都可以容忍，那还有什么人不能够容忍呢？"

二、（有人告诉孔子，季氏八佾舞于庭，在家里摆天子的排场时）孔子就说，这要注意！季家的野心不小，像这样僭越礼制的事情，季家都违心做了，还有什么乱纪违法的事情他不去做呢？（叛变、造反，这类大逆不道的事，他都是有可能干的。）

解读

一、佾，乐舞，是以八人为一佾，八佾有 64 人。古人说，天子用八佾，诸侯用六佾，大夫用四佾，士用二佾。季氏是大夫，用八佾，是僭用，孔子不能容忍。

二、季氏玩八佾，完全是在模仿天子的排场，已经不把朝廷放在眼里。孔子以这件事断定季氏将来什么事都做得出来。所以，"是可忍也，孰不可忍也"，是说季氏竟然敢做这些事，并不是孔子在发脾气骂人。

"是可忍也，孰不可忍也"，现在是成语，意思是忍无可忍。

3.5

子曰："夷狄之有君，不如诸夏之亡也。"

今译

一、孔子说："夷狄异邦都知道有君长，不像中原诸侯这样僭越规定的界限，不遵守君臣的名分。"（意为：诸夏不如夷狄。）

二、孔子说，那些未开化的夷狄，即便有君主、酋长，但如果没有文化的支撑，也不如曾经的文化古国夏朝和殷商，即便它们现在衰落了，但它们所留下的文化底蕴和精神，却能够流传万古。（意为：夷狄不如诸夏。）

解读

一、孔子在这里所提及的"君"，并非单纯指一个国家的领导者，而是更广泛地指代一个有组织、有秩序的政府。他感叹的是，即便中原的文化水平再高，如果社会陷入混乱、无政府状态，那么其状况还不如有组织但文化水平较低的夷狄之地。这是孔子针对当时诸侯、大夫越权、不守礼制的现象所发出的感慨。

二、孔子将文化视为一个民族或国家的核心。他认为，没有深厚文化底蕴的民族，即便有政权、有领袖，也难以与拥有丰富文化遗产的民族相媲美。中国自古以来就自称中夏、中原，正是因为其深厚的文化底蕴。孔子此言意在强调，一个民族或国家的真正价值，并非仅在于其政治地位或经济实力，而更在于其文化的传承与发展。因此，"夷狄之有君，不如诸夏之亡也"这句话，实际上是孔子对文化传承的一种深刻认识和强调。对于我们这一代人来说，重建和传承文化的责任重大而深远。

3.8

子夏问曰："'巧笑倩兮，美目盼兮，素以为绚兮。'何谓也？"子曰："绘事后素。"曰："礼后乎？"子曰："起予者商也，始可与言《诗》已矣。"

今译

一、子夏问道："古诗有云：'美妙的笑容倩然动人，明亮的眼睛流盼生辉，素净的底子上绘出绚烂色彩'，这三句究竟何意？"孔子答道："此乃言绘画之理，先施素底，再绘五彩。"子夏又言："那是否意味着，人亦应先修忠信之德，再以礼仪加以修饰呢？"孔子赞道："卜商啊，你之言语启发了我，如此便可与你共论《诗经》之道矣。"

二、子夏问："古诗有述'笑容俏皮迷人眼，眼神流转美无边，白底之上绘华篇'，此三句寓意何为？"孔子答曰："绘画之成，素色之底方显其贵。"子夏思索片刻，又问："那礼仪之背后，是否亦有其精神所在呢？"孔子欣然曰："卜商啊，你之问语，实乃启发我心，此刻便可与你共探《诗经》之深奥矣。"

解读

一、这段对话强调了仁德作为内在基础的重要性，而礼则是这种内在美德的外在表现。只有当人们具备了忠信等仁德品质后，再通过礼的规范来展现，才能形成真正的文雅举止。这种内外兼修的理念，对于个人的品德修养和社会的和谐发展都具有重要意义。

二、孔子通过"绘事后素"的比喻，阐释了平淡中见绚烂的哲理。这不仅是对诗歌创作的指导，更是对立身处世态度的启示。在纷繁复杂的世界中，保持一颗平常心，不为外物所扰，坚守自己的本色，才能在绚烂中不失平淡，在平淡中孕育绚烂。同时，诗教的目的并非仅培养诗人，而是通过诗歌的情感熏陶，提升个人的胸襟境界，从而更好地理解人生与宇宙的真谛。

3.12

祭如在，祭神如神在。子曰："吾不与祭，如不祭。"

今译

一、祭祀祖先时，就好像祖先在上受祭；祭神的时候，就好像神在上受祭拜一样。孔子说："我如果不能亲自参与祭祀，虽然有人代我祭拜，我也好像未曾祭拜一样。"

二、无论是祭祀什么，就要当作它真正在眼前；无论是祭祖先还是祭自己信奉的神，就要当作祖先或神真正在那里接受祭拜。孔子说，祭祀必须虔诚、投入，有身临其境的感觉。如果没有这样的感觉，那还不如不祭拜。

解读

一、孔子对待神明的态度，似乎是"信则有，不信则无"。如果决定祭祀，就应把神明当作真实存在来对待，不能轻慢，因此亲自祭拜才具有真正的意义。若委托他人代为祭拜，那还不如不祭。

二、我们祭祖时要怀有祖先就在眼前的诚心，如同祖宗真的在面前一样的诚敬。如果是祭神，就要相信神就在此，要真诚一致，这才是真正的恭敬。一个人的修养，对人对事，都应有这种"祭神如神在"的心态。如果表面上恭敬，内心却不以为然，那是没有意义的。因此，通过孔子的这番话，我们不仅能了解祭礼，还可以以此类推做人的道理。

八佾第三

3.19

定公问："君使臣，臣事君，如之何？"孔子对曰："君使臣以礼，臣事君以忠。"

今译

一、鲁定公问："国君指使臣子，臣子服事国君，应该怎样呢？"孔子回答说："国君指使臣子要依礼，臣子服事国君要尽忠。"

二、鲁定公问："如果一个帝王作为领导人，他该如何去指挥下属的干部？一个忠诚的干部，又该如何处理事务及自我定位？"孔子回答道："一个领导人若想部下能竭尽忠诚，首先要从自己内心真诚地体谅并以礼相待部下做起。如果上级对下级尽心尽力，那么下级对上级也自然会表现出忠诚。"

解读

论语别解

一、孔子的基本主张，是君臣以道义相结合。双方的态度和行为，都必须符合道义的要求。在职务层面，君与臣固然存在着统属关系，但在人格层面，他们是平等的，应当相互尊重。君主对臣子有信心，信任他们能够各司其职且尽职尽责，因此以礼相待。臣子对君主信任，相信他会公正无私地照顾全体，不会偏袒徇私，所以忠诚地侍奉君主。

二、鲁定公所问的是领导方法，而孔子则从领导的道德层面进行回应。所谓领导，应是以"德"来引领众人。我们中国的文化强调孝道，而孝道也是相互的。"父慈子孝，兄友弟恭"——父母用爱心教养子女，子女则以孝道回报。忠诚亦是如此，上级对下级以礼相待、充满敬意，下级对上级自然就会表现出尊敬和忠诚。因此，这种君臣之间的上下级关系是建立在道德基础上的，而非单纯依赖手段或方法。例如，现代人们常说"少玩手段"，因为手段容易被识破。唯有真诚老实、讲求道德的人最受欢迎，最终的成功也往往属于他们，这是亘古不变的道理。

3.20

子曰："《关雎》, 乐而不淫, 哀而不伤。"

今译

一、孔子说："《关雎》这首诗, 表现得快乐不至于过分, 悲伤不至于伤神。"（淫, 多而过度。哀, 悲伤。伤, 过分悲伤。）

二、孔子说："《关雎》这首诗, 表现君子乐得淑女而不淫乱, 得不到她, 心中念之而仍不减伤对她的爱。"（淫, 淫乱; 哀,"衷"字误写; 伤, 减伤。）

解读

一、《关雎》是《诗经》的第一篇, 属于典型的爱情诗。乐在于"窈窕淑女, 君子好逑"（逑, 匹配, 配偶）; 哀在于"求之不得, 寤寐思服"。孔子认为, 礼的重要性在于节制。快乐需要节制, 避免乐极生悲; 悲哀也需要节制, 以免伤害身心。

二、男女相互爱慕, 在追求、恋爱到结婚的过程中, 难免会有欢乐和悲哀, 只要不过度, 只要发自内心真诚相待, 无论如何, 这种情感都是纯洁而自然的。

3.21

　　哀公问社于宰我。宰我对曰："夏后氏以松，殷人以柏，周人以栗，曰，使民战栗。"子闻之，曰："成事不说，遂事不谏，既往不咎。"

今译

　　一、鲁哀公问宰我，社主该用什么木头做？宰我回答说："夏代用松木，殷代用柏木，周代用栗木，周人用栗是取'使民战栗'之义。"孔子听后，说："凡是能成功的事，不要说出；凡是可能如愿的事，不要劝阻；凡是过去了的事，无论成败，也不要埋怨。"

　　二、哀公问宰我，社稷坛与历史文化演变有什么关系呢？宰我告诉他："夏朝社稷坛上栽的是松树，殷朝栽的是柏树，周朝栽的是栗树。不过栽栗树不好，栗树使人看了会害怕，战战兢兢。"孔子听了宰我的汇报后，感慨地说："就周朝而言，文王、武王在各方面都没有错，只在这件事上还不大妥当，但对于前辈的圣人，我们也不便过多批评。事情已经发生，再说也无济于事，过去的就让它过去吧，何必再追究呢？"

解读

　　一、古代的"社"是祭祀的地方，"哀公问社"是问能不能杀人，意思是要除去"三桓"（季孙氏、叔孙氏、孟孙氏）。宰我的回答暗示他要下定决心，不杀不足以使民警惕。如果这种说法可靠，那么孔子的意思就是，能成功的事不要说出来，能如愿的事不要劝阻，已经过去的事也不要埋怨。

　　二、社稷坛上种的树，代表着一个民族的文化和国家的精神。我们在选择文化标志时要特别慎重，这与《易经》的谶纬之学也有一定关系。很多看似无关的事情，其实可能有很大的关联，尤其是在研究国家历史文化时，更要注意。孔子对这件事很关注，但他只能说"成事不说，遂事不谏，既往不咎"。所以我们以后在做事时，也要注意这些问题，这也是一种学问。

里仁第四

4.1

子曰："里仁为美。择不处仁，焉得知？"

今译

一、孔子说："居住的乡里有仁厚的风俗才是好的；如果选择住在风俗不仁厚的地方，怎么能算是明智的呢？"

二、孔子说，我们真正学问安顿的处所，要以仁为标准，达到仁的境界，也就是学问到了真善美的境界。我们学问、修养没有达到处在仁的境界，不算是智慧的成就。

解读

一、居住的环境对人的影响确实很大。如果风俗仁厚，大家和谐相处、互助互惠，这对全家老少来说都是一种难得的福分。如今我们购买房屋时，会考虑地点、交通、景色以及周围环境如何，还会关注学校、商店、饭馆和医院的分布情况。在部分西方国家，邻居的情况也是一个非常重要的考虑因素，与什么人做邻居，绝对不能忽视。孔子在选择住处时也非常看重邻居，他希望能与仁人居住在一起。孔子认为，不与仁人居住在一起是不明智的。

二、孔子这句话的初衷看似是在教导我们慎重选择居住地，但实际上，他更深层的用意是在提醒我们：无论是做人还是做学问，都应该像选择居住地一样以仁为标准。如果我们不知道如何选择仁、没有达到仁的境界，那么就是一个不聪明的决定。

论语别解

4.4

子曰："苟志于仁矣，无恶也。"

今译

一、孔子说："一个人如果能够立志向善，就不会做出坏事来。"

二、孔子说："一个人如果能有心求仁，就不会招人怨恨。"

三、孔子说："一个人真有了仁的修养，就不会轻易厌恶他人了。"

解读

一、在孔子的心目中，仁是以同情心为出发点，表现出的合理道德行为。只要有志于仁，起码不会做出坏事情，自然也就不会招人厌恶。

二、一个真正有志于仁的人，会觉得天下没有一个人是可恶的，对好的人爱护他，对坏的人也要怜悯他、慈悲他、感化他。

4.6

子曰："我未见好仁者，恶不仁者。好仁者，无以尚之；恶不仁者，其为仁矣，不使不仁者加乎其身。有能一日用其力于仁矣乎？我未见力不足者。盖有之矣，我未之见也。"

今译

一、孔子说："我未曾见过真正喜爱仁道或憎恶不仁道的人。真正喜爱仁道的人，会认为世间没有比仁道更重要的事物。真正憎恶不仁道的人，会践行仁道，不让不仁道的事发生在自己身上。是否真有人肯花一整天的工夫，全力以赴地践行仁道，我未曾见过全力以赴的。或许会有这样的人，但我尚未见过。"

二、孔子说，他未曾看到一个真正爱好道德的人，以及讨厌一个不道德的人。为何呢？一个爱好仁道且有道德的人，当然他的修养几乎无人能及，可是，他倘若讨厌不仁的人，那么他还不能称作是仁者。一个仁者，看到一个不仁者，应当是同情他、怜悯他，设法将他改变过来，这才是真正仁者的用心。践行仁道时，有人会说，自己心有余而力不足。只要立志求仁，就没有因为力量小而达不到仁的境界的说法。或许有人会因力量不足而达不到，但孔子从未见过这种情况。

解读

一、"仁"确实是可贵的，但并非难以实现。只要我们真心立志去追求和实践它就没有做不到的。我们应该从自爱开始做起，在做任何事情时都凭借自己的良心且不伤害自己；有了自爱的决心后，便踏上了实践仁义的道路。那些真正厌恶不仁不义行为的人一定会避免让不仁不义的事情发生在自己身上；这样的人在实践仁义时必定会全力以赴且没有做不到的事情。

二、虽然宋儒认为爱好道德、厌恶不道德就是"仁"的境界；但对照《论语》原文来看，这样的解释并不准确，因为原文紧接着提到"不使不仁者加乎其身"——这意味着一个真正的仁者在看到不仁的人时应该会产生同情和怜悯之心，并设法去改变和感化他；这才是孔子所倡导的忠恕之道以及推己及人思想的真正体现。

4.7

子曰："人之过也，各于其党。观过，斯知仁矣。"

今译

一、孔子说："一个人的过失，各有其类别。观察一个人的过失，便可知道他是否有仁心。"

二、孔子说："一个人的过错，往往源于其社会关系。观察别人的过错，可以引发自身对仁的修养。"

解读

一、了解一个人十分重要，却着实不易。孔子告诉我们，不妨观察一个人的行为有何过失，由其所犯过失来推断他的动机，应该能够初步了解这个人是否有仁心。

二、古代宗法社会的乡党，类似现代社会的人际关系。我们从社会关系中看到一个人的过错，那么自己就要反省，自己是否有同样的过错，有则改之，无则加勉，以此引发对仁的修养。

4.8

子曰："朝闻道，夕死可矣。"

今译

一、孔子说："如果早上听闻了真理，那么即使晚上死去也无憾了。"

二、孔子说："一旦有机会领悟了真理，那么过去所犯的过失，比如昨日的，就已经成为过去，可以重新开始了。"

一、在人生中，理解和掌握做人做事的道理是最重要的。现代人更偏重于追求各种知识，而对古代圣贤的教导往往忽视或充耳不闻。孔子这番话，对现代人而言，实在如警世的号角。

二、"夕死"的含义，也可以被理解为"过去的错误，如同昨日的自己，已经死去（成为过去）"。今天早晨领悟了真理，那么昨日犯下的过错，就可以像昨日的自己那样，让其过去，无需过多悔恨或念念不忘。关键是要及时改正，确保今天是新的自己，与昨天的自己不同。

4.10

子曰："君子之于天下也，无适也，无莫也，义之与比。"

今译

一、孔子说："君子对于天下的事情，没有固定的主张，也没有固定不肯要的坚持，只依从当时当地最为合理的方式。"

二、孔子说："君子对于天下的一切事情，没有可以，也没有不可以，一切要看是否合乎义。"

解读

一、世界上的事物都是相对的。君子修养良好，所表现的态度也应该是相对的，既不绝对肯定，也不绝对否定。一切事物都因人、因事、因时、因地而异，寻求最为合理的答案。任何事物若脱离时空，就难以分辨对错、喜恶、好坏。我们对事物的判断，必须结合时空的变化，以合理为标准，慎重思考和分辨，以免误判。

二、"适"是可以，"莫"为相反的意思，也就是不可以，这话也就是

"无可无不可"的意思。"义之与比"，是说一切要看是否合乎"义"。守善村人惟义君读《论语》有感言：文人墨客观诗句，守善人生顺其然。守善人对事物判断的标准就是守善道、行正道。只要守善道、行正道，就是"义"，就是适宜的，顺其然，就是依从善道正道之意，这与君子看待事物的态度应该是一致的吧。

4.14

子曰："不患无位，患所以立。不患莫己知，求为可知也。"

今译

一、孔子说："不必担心没有职位，要担心的是自己有没有才德胜任这个职位。不必担心别人不了解自己，应该担心的是自己有什么才德能够让人知晓。"

二、孔子说，一个人不怕没有地位，最怕自己没有什么足以立足的东西。不要怕没有人了解自己，只要能够充实自己，别人自然会知道你。

解读

一、一心一意争取职位，而忽略了充实自己。一旦机会来临，才发觉自己准备不足，缺乏承担的能力，岂不是追悔莫及？及早提升自己的才德，机会来临时能够顺利获得，那才是人生的乐事。

二、"位"和"立"是同源字，位是所立之处。孔子相信，自求多福，凡事不求人，一切反求诸己。所以他说，先求自己有道德、有本事，再去谋求禄位。先求自己有值得别人赏识的地方，再求别人的赏识。

4.15

曾子曰："夫子之道，忠恕而已矣。"

今译

一、曾子说："夫子的道理，就是忠恕二字罢了。"

二、曾子对同学们说，老师的道，只有忠恕而已矣。

解读

一、忠恕的"忠"，是尽心诚意，竭尽自己的才能，乃自守之德；"恕"，将心比心，推己及人，尊重对方，为待人之德。这是"仁"的两个不同侧面。古人云，"恕"和"仁"意思相近，但严格来讲，两者还不完全一样。仁是拿人当人；"恕"是将心比心，设身处地为他人着想。孔子说"己所不欲，勿施于人"，正是这个意思。我们要注意，恕不等于宽恕，今语所谓宽恕，强调的是宽。恕，不是宽以待人，而是推己及人。

二、曾子用"忠恕"二字来概括孔子的全部学说，未免有些狭隘了。毕竟，"天"之四德——仁义礼智，都是不容忽视的重要元素。特别是"仁"，在孔子的学说中占有举足轻重的地位。因此，虽然曾子的概括有其独到之处，但我们也不能忽视孔子学说的其他重要方面。至于后人将"忠恕"解释为"对上忠诚，对下宽恕"，显然是误解了孔子的原意，与孔子的学说相去甚远。

4.18

子曰："事父母几谏。见志不从，又敬不违，劳而不怨。"

今译

一、孔子说："子女侍奉父母时，若父母有过错，应委婉地劝谏。若父母不听从，仍要保持恭敬，不违逆他们，虽感忧愁却不心生怨恨。"（劳，忧愁。）

二、孔子说："父母有做得不对的地方，要尽力劝阻。如果父母不听劝，还是要保持恭敬，继续为他们操心，不能有丝毫怨言。"（劳，操心。）

解读

一、当父母有过错时，子女需运用沟通技巧，使父母明白自己的意思。若父母听不进去，子女也不能对他们发怒或怀恨在心，最好是暂时顺从父母，再寻找合适的时机进行劝说。

二、古人有言，"事亲有隐无犯，事君有犯无隐。"（《礼记·檀弓》）。对国君，可以毫无保留地直言劝谏。但对父母则不同，需委婉曲折地进行劝说。若父母有错误，应向他们说明道理。作为子女，我们是父母所生育和养育的，在必要时，我们甚至需要为父母作出牺牲，这是孝道的原则。

里仁第四

4.19

子曰:"父母在,不远游,游必有方。"

今译

一、孔子说:"父母健在时,子女不应远行。若确需远行,必须告知父母明确的去向。"(方,方向。)

二、孔子说:"父母在世时,子女不应远游。即使出游,也需考虑到父母的安顿,确保有妥善的方法。"(方,方法。)

解读

一、子女的安危和健康是父母最为关心的事情。从小养成外出和归家都向父母禀报的习惯,进而在遇有重要事务时都不让父母担忧,这是子女应尽的责任。

二、古人认为父母年迈时,怕无人照料而不应远游。即使要远行,也必须有个明确的去向。然而,"游必有方"的"方"字,在这里更应理解为"方法",而非仅仅是"方向"。当父母年迈无人照料时,子女在远游前必须确保有妥善的安顿方法,这才是真正的孝子之道。

论语别解

4.23

子曰:"以约失之者鲜矣。"

一、孔子说:"因为自我节制、约束自己而犯过失的,实在很少见。"(约,约束节制。)

二、孔子说:"谨守诺言,因而失信于人这种情况是很少的。"(约,此处指诺言、约定。)

三、孔子说:"因为自我节俭而犯过失的,很少见。"(约,节俭节约。)

解读

一、大多数人难以自制,常常随心所欲地行事、说话。这样的人,犯错的机会自然多。"敖不可长,欲不可从,志不可满,乐不可极。"(《曲礼》)这句话正好阐述了自我节制的重要性。

二、这句话可能承接了上文——子曰:"古者言之不出,耻躬之不逮也。"(孔子说:"古人不轻易说话,因为他们认为说了却做不到是可耻的。")——讲的是君子言出必行,一旦做出承诺,就必须做到,因此失信于人的情况是极少的。

三、骄奢招灾招祸,节俭免患免忧。子曰:"恭近礼,俭近仁……""君子以俭德辟难。"(《易象传》)

或严以律己,或谨言慎行,或宁俭勿奢,皆因"约"字惹多解。

里仁第四

037

4.26

子游曰："事君数，斯辱矣；朋友数，斯疏矣。"

今译

一、子游说："侍奉君主过于急切，会招致侮辱；对待朋友过于急切，会被疏远。"（数，态度急切。）

二、子游说："侍奉君主次数过于频繁，会受到侮辱；与朋友来往过于频繁，会被疏远。"（数，来往频繁。）

解读

一、"急切"指的是态度上的迫切和急躁。在君臣和朋友关系中，如果表现得过于急切，反而可能适得其反。在现代社会中，与上司相处时希望得到赏识和奖励是人之常情，但若过于套近乎、态度急切，则可能引起上司的反感；与朋友相处时，如果过于急切地想要得到某些东西或不顾及朋友的感受，则可能导致朋友的疏远。

二、无论是与上司还是朋友交往，都应保持适当的分寸和距离。这既是一种合理的尺度，也是一种可以遵循的原则。维持安全的距离有助于保持良好的人际关系，这值得我们借鉴和参考。

论语别解

公冶长第五

5.9

子谓子贡曰："女与回也孰愈？"对曰："赐也何敢望回？回也闻一以知十，赐也闻一以知二。"子曰："弗如也；吾与女弗如也。"

今译

一、孔子问子贡："你和颜回相比，谁更强些？"子贡答道："我怎敢跟颜回比呢？颜回他听到一个道理就能推知十个类似的道理；而我呢，听到一个道理只能推知两个类似的道理。"孔子说："你不如他。我和你一样不如他。"

二、孔子对子贡道："你和颜回，谁更加优秀呢？"子贡答道："我怎么敢和颜回比？颜回他，听到一件事就能推演出十件事来；而我，听到一件事，只能推知出两件事。"孔子说："我同意你的看法，你是赶不上他。"

解读

一、孔子在这里故意提问，目的是激发子贡的自我认识，引导他做出正确的自我评价。这也告诫我们，应有自知之明，并且不吝于赞赏他人。孔子的话还隐含着对颜回的极高评价，显示出他对颜回才华的赞赏。

二、对于"吾与女（汝），弗如也"的理解，存在两种观点：一种认为"与"表示赞同，即我完全同意你的看法，你确实不如他；另一种认为"与"是连词，表示我和你，我们都不如颜回。后一种解释将孔子的夸赞推向了极致。孔子之所以这么说，一方面是因为他强调学生的悟性，而颜回的悟性高，超过了所有学生；另一方面也是为了安慰子贡，既嘉许他的诚实，又给了他很大的面子。

5.10

宰予昼寝。子曰："朽木不可雕也；粪土之墙不可杇也；于予与何诛？"子曰："始吾于人也，听其言而信其行；今吾于人也，听其言而观其行。于予与改是。"

今译

一、宰予在白天睡觉。孔子说："腐朽的木头不能雕刻，肮脏的土墙不能粉饰。对于宰予，我还有什么好责备的呢？"又说："以前我对任何人，听了他说的话就相信他的行为；现在我对任何人，听了他说的话后，还要观察他的行为。是因为宰予，才使我改变了态度。"

二、宰予在白天睡觉。孔子说："像腐朽的木头一样无法雕刻，像粪土堆砌的墙壁一样无法粉刷。对于宰予，我实在无法再去责备他什么了。"他接着说："起初我对待别人，听到他说的话便相信他的行为；但是现在，我听了他的话后，还要再考察他的实际行为。这一切的改变，都是因为宰予啊。"

解读

一、昼寝，指的是在白天睡觉。在古代，人们重视勤奋努力，昼夜不懈地工作和学习被视为一种美德。因此，宰予在白天睡觉的行为，显然与这种价值观相悖，引起了孔子的不满。然而，孔子对宰予的责备并非仅仅因为他白天睡觉，更重要的是他言行不一，这让孔子感到非常失望。

二、孔子对宰予的批评，其深层原因并非只是他白天睡觉这一行为，而是他说话不算话，言行不一致。宰予作为孔门十哲之一，才华横溢，聪明伶俐，口才出众，但他却常用诡辩之术让孔子陷入自相矛盾的境地。尽管宰予尊敬并称赞孔子，但他的这种行为仍然让孔子感到非常不满。因此，孔子用"朽木不可雕也，粪土之墙不可杇"来形容他，主要是批评他说话不算话，缺乏诚信。这也提醒我们，在日常生活中，诚信和言行一致是非常重要的品质。一些历史人物虽然才华出众，但却因为某些不良行为而与一些不好听的名词联系在一起，宰予就是其中的一个例子。

5.17

子曰："晏平仲善与人交，久而敬之。"

今译

一、孔子说："晏平仲善于与人交往，相处时间越久，别人越尊敬他。"

二、孔子说："晏平仲善与人交朋友，交情越久，他对人越恭敬有礼，别人对他也越敬重。"

解读

一、人是社会性动物，单独行动往往难以成事。因此，与朋友相处的方式尤为重要。晏婴因其出色的人际关系处理能力而广受赞誉，这也使他在办事时能得到许多帮助，从而事半功倍。孔子对他的这一品质极为赞赏。

二、朋友之间的相处，关键在于相互尊重。在交友之道中，"久而敬之"这四个字至关重要。我们看到很多朋友关系破裂，都是因为长时间相处后失去了对彼此的尊重；初识时彼此客气，但随着时间的推移，关系可能变得随意甚至无礼，最终导致关系恶化。

论语别解

5.20

季文子三思而后行。子闻之，曰："再，斯可矣。"

今译

一、季文子做每件事都再三考虑然后才做。孔子听闻后，说："还要再想一次，就可以了。"

二、季文子行事谨慎，行动之前总要考虑三遍。孔子认为，考虑两遍也就足够了。

解读

一、做事需格外小心，想三次都嫌不够，还需再想一次！

二、"再"的意思，可以用"反过来想"来体现，正面思考一番，再反面思考一番，而后找出此时此地的合理之处，应是合理的思虑方式。倘若第三次再加以考虑，很可能就会犹豫不决，再也不去行动了。所以谨慎应当，但过分谨慎便会沦为小气。故而孔子主张，不必三思而后行，再思即可。

5.22

子在陈，曰："归与！归与！吾党之小子狂简，斐然成章，不知所以裁之。"

今译

一、孔子在陈国，感慨道："回去罢！回去罢！我故乡的弟子们，志向远大但行事疏略；道德文章皆有成就，只是不知如何把握合理的尺度。"

公冶长第五

二、孔子说：应当回家了！应当回家了！我家乡的年轻人志气高昂，又具文采，真不知如何引导他们。

解读

一、孔子周游列国，一心推行大道，欲拯救黎民百姓，行至陈国，皆未遇合适之机。孔子难免心生失望，感慨欲返回故乡讲学。家乡的年轻人有狂放的豪气，凡事看得过于容易、简单。文章虽有文采，却不知裁断，不知截取。

二、"狂简"为两种典型风格。豪迈、慷慨，多为年轻人的个性与作风，此为"狂"。轻易、草率，对国家天下事掉以轻心，此为"简"。年轻人志高才浅，议论国家大事头头是道，但文章与天下事完全是两回事。要做到事理合一，非有几十年亲身艰苦经历，才可理解。所以孔子认为，必须回国教育后一代，决心将精力置于教育，培育国家的根本。

5.23

子曰："伯夷、叔齐不念旧恶，怨是用希。"

今译

一、孔子说："伯夷、叔齐不记挂过往的仇恨，因而他人对他们的怨恨也就很少。"

二、孔子说："伯夷、叔齐不记旧仇，因而（他俩自己）牢骚、埋怨甚少。"

解读

一、伯夷、叔齐不念旧恶，应有所指，孔子未予明言，后人推测：伯夷、叔齐于武王伐纣时，曾加以劝阻。武王统一天下后，他俩宁可饿死在首阳山，也不食用周朝的粮米。孔子称赞他俩"求仁而得仁"，不怨恨武王或其他人，故而众人对他俩也少怨言。不记取他人的怨恶，有两种可能：一是自身行为端正，难免得罪他人。此时自己不记他人怨恶，可减少他人对自己的怨恨；二是对他人怨恶，不过是对其某些行为怨恶，却不能对这个人产生怨恨，既然时过境迁，就不必再加以怨恶。

二、"怨"，是谁怨？自己怨，还是他人怨？前人有争议。参看《述而》"入，曰：伯夷、叔齐何人也？曰：古之贤人也。曰：怨乎？曰：求仁而得仁，又何怨？"——此处的"怨"，与"怨是以希"的"怨"，主语应皆为伯夷与叔齐。宽以待人，不计旧仇，因而牢骚、埋怨甚少，此乃孔子对伯夷、叔齐为人的品评。

5.24

子曰："孰谓微生高直？或乞醯焉，乞诸其邻而与之。"

今译

一、孔子说："谁说微生高正直？有人向他讨醋，他家正巧没有，他不直说，却向邻居要来再给这人。"

二、别人向微生高借醋，微生高不说自己没有，而是从邻居处讨要。孔子说，谁说此人直率？对其品行存疑。

解读

一、有人向微生高讨一点儿醋，他不直说家中没有，而是向邻居借一些来，转借给向他要醋的人。孔子此语，仅叙述事实，未做价值判断，似留出空间，供我们自行思考。

二、微生高被某些人认为是直率的人，但孔子并不这么认为。孔子认为，真正的直率应该是有就是有、没有就是没有，直接表达真实情况而不转弯抹角。虽然微生高的行为表现出了一定的义气，但并不能算作是真正的直率之人。因此，孔子对微生高的品行表示了怀疑。

5.26

颜渊季路侍。子曰："盍各言尔志？"子路曰："愿车马衣裘与朋友共敝之而无憾。"颜渊曰："愿无伐善，无施劳。"子路曰："愿闻子之志。"子曰："老者安之，朋友信之，少者怀之。"

今译

一、颜渊、子路侍立在孔子身旁。孔子说："何不各自谈谈自己的志向？"子路说："我愿将自己的车马、衣服和轻暖的皮衣与朋友共享，即便用破旧了，我也不会遗憾。"颜渊说："我愿不夸耀自己的才能，不宣扬自己的功劳。"子路说："我希望听听老师的志向。"孔子说："我愿老年人都得以安养而安乐，朋友们以诚信相交，年轻人能得到关怀。"（施劳，宣扬自己的功劳。怀之，关怀他们。）

二、有一天，颜渊和子路站在孔子身旁交谈。孔子说道："你们年轻一代，把你们的愿望、志向讲出来听听。"子路说："我要获取丰厚的财富，希望所有认识我的人，没钱花时向我索要，没饭吃时我来招待，没房住时我提供住房。"颜渊说："我希望拥有最好的道德行为和道德成就。有了出色的成绩却不宣扬，自己认为劳苦的事不交付给别人。"报告完毕，子路发问："老师，您的志向呢，也说说看。"孔子说："愿社会上所有的老年人，无论在精神还是物质方面都能有所安顿；愿社会上的朋友之间，能够相互信任，人与人之间没有怨恨，没有猜疑；愿年轻人永远怀有伟大的抱负，愿他们的精神永远怀有美好的理想和美好的期望。（施劳：自己认为劳苦的事交给别人。怀之，使他们怀有伟大的抱负。）"

解读

一、子路愿意将物的使用权利，礼让给朋友；颜回愿意将自己的功德，礼让给他人；孔子则愿意将全部的仁德，礼让给世人。子路对朋友慷

论语别解

慨，颜回永远不自满，孔子关怀世人。这其中有何不同，我们应当能够有所领悟。

二、子路的愿望体现出侠义思想，气魄宏大。颜渊所言"无施劳"，意为不要把自己的烦恼、痛苦加于别人身上，此乃颜渊的"仁者之言"。而孔子所说的"老者安之，朋友信之，少者怀之"，便是《礼运》篇中大同思想的实现，这三点一看便与众不同。因为这三点，对上一代、自己这一代以及下一代皆有交代。此即所谓圣人境界，是最难达成的一件事。

公冶长第五

雍也第六

6.14

子游为武城宰。子曰："女得人焉耳乎？"曰："有澹台灭明者，行不由径，非公事，未尝至于偃之室也。"

今译

一、子游担任武城的邑宰。孔子问："你在当地发掘到人才了吗？"子游答道："有个叫澹台灭明的人，他不走小路捷径，若非因公事，从不到我这里来。"

二、子游任武城宰，孔子问他，你发现什么人才了吗？子游说："我发现了一个叫澹台灭明的人，他行事，有时不依常规，不循常道。对子游，若非公事，不去拜见。"

解读

一、澹台灭明这个人，做人做事皆有分寸。循规蹈矩，不喜走门路、拉关系，故而子游对他颇为赏识。

二、子游向孔子汇报，寻得一个叫澹台灭明的人才。此人"行不由径"——依古人之解，是说走路不走小路。古时，"径者道也"，并非必指小路。人若光走大路，不走捷径，乃愚笨之举。澹台灭明乃子游所发现的人才，为孔子最晚的学生，后来于楚国发展，有弟子三百人，孔子死后，声名卓著。"行不由径"意谓他行事从表面观之，有时不循常道，略显随性。但子游又发现澹台灭明另有一大长处——极重义气，绝对无私，若非公事，从不至子游房中。

6.16

子曰："不有祝鮀之佞，而有宋朝之美，难乎免于今之世矣。"

一、孔子说："一个人若没有祝鮀那般出色的口才，却有宋朝那样的美貌，于当今之世，难免遭受祸端。"

二、孔子说："一个人若没有祝鮀那样的口才，又无宋子朝那样的仪表，很难躲避当世的灾祸。"

解读

一、一个人没有祝鮀那样的口才，却拥有宋朝那样的仪表，使人觉得徒有其表，一开口便惹人厌烦，自然也不受欢迎，会吃诸多苦头。有良好的仪表，尤应注重自身的表达能力，务使口才与仪表相匹配，给人留下良好印象。

二、祝鮀，卫灵公的太祝，能言善辩，以诌媚得卫灵公宠信；宋朝，亦称宋子朝，据传容貌俊美，与南子私通，"以美色受南子喜爱"。此二人皆非善类。"祝鮀之佞"乃"巧言"，"宋朝之美"乃"令色"，皆为孔子所厌。孔子慨叹，不靠巧言令色，便难以避祸，世风日下，人心不古啊！

雍也第六

6.17

子曰："谁能出不由户？何莫由斯道也？"

一、孔子说："谁能外出不经过门户呢？为何有人不依循人生之道做
人呢？"

二、孔子说："谁能出屋不走房门？为何众人都不顺道而行？"

一、出入皆有门户，此为示以正当之途径。凡不经由门户出入之人，
必引众人之疑：莫非是小偷？抑或有何不可告人之事正在发生？做人亦如
此，存有正当之道理。凡不依正当道理做人者，必为不正当之人，其后果
如何，可想而知。以学问与道德调适自身之七情六欲，即为做人之道理。

二、孔子以门户喻"道"，将"道"视为必由之路。北京方言，行不
通，称没门。没门如何？唯有走后门，或跳窗户。此语与"不有祝鮀之
佞，而有宋朝之美，难乎免于今世矣"略有联系，即没门。

6.18

子曰："质胜文则野，文胜质则史。文质彬彬，然后君子。"

一、孔子说："一个人若内在的实质胜于外在的文采，就会如粗鄙的野
人；若外在的文采多于内在的实质，就会显得浮夸虚假。实质与文采调和

得当，方为君子。"

二、孔子说："朴实多于文采，就未免粗野；文采多于朴实，又未免虚浮。文采与朴实，配合适宜，这才是君子。"

解读

一、一个人的内在（指学问、道德）与外表（即口才、仪态），皆甚为重要。道德修养高深，却拙于言辞，给人呆板、粗野之印象；反之，口才佳，仪表堂堂，却缺乏内涵，品德欠佳，给人浮夸、虚假之印象。唯有内外兼修，两方面配合良好，才算君子。

二、文质彬彬，乃是折中文、质，使两者恰到好处。此词之意现已生变，"文质彬彬"仅强调"文"，不与"质"相对，而与"武"相对，此非孔子原意。现代社会，随处可见此类人，他们口若悬河，貌似口才卓绝，实则言之无物，甚至错漏百出。信息发达之时代，应学会审慎选取信息，切勿道听途说，或未经求证，便肆意传播。

6.19

子曰："人之生也直，罔之生也幸而免。"

今译

一、孔子说："人生来本性正直，倘若有人行不正之事而仍能生存，那不过是侥幸之至，暂且免于祸患罢了。"

二、孔子说："人当以正直为本立身处世，那些不正直之人，不过是仗着侥幸与逃避，方才得以苟且偷生。"

解读

一、孔子训诫弟子切勿罔曲偏私。人与人相处，最为要紧的，莫过于诚信，而诚信的先决条件是正直。众人皆实实在在，不欺己骗人，彼此互信，社会自然和谐。

二、我们重视内方外圆，内心诚实、正直，表现出来的行为、态度，却一定要圆通。不但自身要圆通，也应仔细分辨他人的言行，究竟是圆滑，还是圆通。可惜大多数人，二者分辨不清，以致所见皆列为圆滑，这既苦了自己，也误解了他人。

6.20

子曰："知之者不如好之者，好之者不如乐之者。"

今译

论语别解

一、孔子说："对于学问，了解它不如喜爱它，喜爱它不如乐在其中。"

二、孔子说，学习是为了求知，做到身体力行，养成习惯，此为"好之"。爱好它，喜欢它，还要进入"乐之"的境界。

解读

一、从学习中获取内心的愉悦，是孔子学习理论的独特之处。"好之"与"乐之"，同样是热烈的情绪反应，然而在程度上有所差异，"乐之"比"好之"更为强烈。推而广之，我们从事任何工作，最好能够培养兴趣，乐在其中，以期望有更优的成果。快乐地读书，快乐地工作，快乐地生活，这样的人生，该是何等美好。

二、"好之者不如乐之者"，喜欢虽喜欢，却未将其视为生活中的一桩乐事。以当下最为流行的打太极拳来说，决然没有打麻将那般受人欢迎。因为打麻将之人，视此为一乐，坐在牌桌前快乐至极，而打太极拳，知晓对身体有益，此为"知之者"；可是打了几下，感觉今日甚累，明日再打，那便还不是"乐之者"。期望在学问上有所成就，进入"乐之"的境界，实非易事。我们对于子女的教育，便要留意这一点，看其乐于哪一方面，就在哪一方面培养他。此乃师道的原则，对自身的修养学问亦应如此。

6.22

樊迟问知。子曰："务民之义，敬鬼神而远之，可谓知矣。"

今译

一、樊迟问怎样才算明智。孔子说："专心努力做好该做的事，尊敬鬼神但远离鬼神，就不会被迷惑，算是明智了。"

二、樊迟问怎样才算明智。孔子说："尽力引导人民趋向义，祭祀鬼神但要敬而远之，这算是明智。"

解读

一、明智之人，必须"尽人事，听天命"，专心做好应当做的事，而且上天赋予人类自主性和创造性，使人有行道、弘道的可能。人拥有自主的尊严，在敬畏天命的前提下，不可将责任推诿给鬼神，最好采取敬而远之的态度，以免遭受不必要的迷惑。

二、"敬鬼神而远之"，是孔子对于宗教的态度。当时的统治依靠神道设教。孔子主张，鬼神是要祭祀的，只不过要敬而远之，将其作为一种仪式化的活动，真正的目的还是教导民众趋向义。

6.22

（樊迟）问仁，曰："仁者先难而后获，可谓仁矣。"

今译

一、（樊迟又）问怎样才算有仁德，孔子说："遇到艰难的事，争先去做，遇到能获利的事，就退居人后，这算是有仁德了。"

二、（樊迟又）问什么是仁，孔子说："先致力于耕耘，才谈得上收获。这就是仁。"

解读

一、抢先做艰难的事，获功享乐时不妨落在人后。（范仲淹云："予尝求古仁人之心……先天下之忧而忧，后天下之乐而乐。"）先难而后获，也可解释为先努力劳作，然后才有收获，同时能够增进品德修养。

二、樊迟的求知欲旺盛，常抓住机会，一连串地提出问题。这里樊迟又问到"仁"这个问题。这里的"仁"，不是讲仁的本质，而是讲仁的作用，即为人处世中的仁。孔子说，一个领导别人的人，极其需要仁爱之心，对待任何问题都不要轻视，不轻视正是儒家"敬其事"思想的体现。做任何事先从"难"的方面去考虑，之后才能获得好的结果，这就是仁的作用。如此一来，既方便了自己，也方便了他人，更造福了百姓。

6.23

子曰："知者乐水，仁者乐山。知者动，仁者静。知者乐，仁者寿。"

今译

一、孔子说："智者爱好水，仁者爱好山。智者进取好动，仁者寡欲好静。智者快乐，仁者长寿。"

二、孔子说："智者的快乐，就像水一样，悠然、安详、活泼。仁者的快乐，就像山一样，崇高、伟大、宁静。智者的快乐是动性的，仁者的快乐是静性的。智者是快乐的，仁者长寿。"

解读

一、水象征流动，与事理的通达有异曲同工之妙。山象征不移，和义理的永恒不变彼此呼应。仁者和智者各有所长。我们学习仁者安于义理，仿效智者通达事理，既长寿又快乐，岂不是一桩乐事？

二、孔子这几句话，正确的解释应是"知者乐，水"，智者的快乐犹如水一样悠然活泼。"仁者乐，山"，仁者的快乐，恰似山一样崇高宁静。聪明的人大多像水一样活泼多动，仁慈的人大多像山一样深厚宁静。智者是快乐的，其人生观、兴趣是多方面的；"仁者寿"，宁静有涵养的人，不大容易冲动发脾气，看待事情冷静，先难而后获，这类人寿命也长些。

雍也第六

6.25

子曰："觚不觚，觚哉？觚哉？"

今译

一、孔子说："酒杯不像酒杯的样子，怎能称它为酒杯呢？怎能称它为酒杯呢？"（觚，酒杯。）

二、孔子说："我要不要把自己卖个好价钱呀？要呀！要呀！"（觚，同"沽"，贾，卖。）

三、孔子说："我孤独吗？孤独呀！孤独呀！"（觚，同"孤"，孤独。）

解读

一、孔子主张"正名"，认为"名不正，则言不顺；言不顺，则事不成"，唯有名实相符，才称作"正名"。若是徒有酒杯之名，却不见酒杯之实，那是虚有其名。孔子当时，发现诸多名不副实或名存实亡的事物，故而才有如此感叹！

二、孔子一直难以割舍对政治的关注，他是"玉在椟中求善价，钗于奁内待时飞"（《红楼梦》第一回），待价而沽。

三、孔子一生怀抱理想，欲挽救早已丧失理想的上流社会，却不被世人理解，在现实中四处碰壁，可他依然知其不可而为之，在周游列国未获重用，被人称作"丧家狗"时，他也自嘲道："我惊惊惶惶的，就像是一条丧家之犬。"他怎能不感到寂寞孤独呢？

论语别解

6.26

宰我问曰："仁者，虽告之曰：'井有仁焉。'其从之也？"子曰："何为其然也？君子可逝也，不可陷也；可欺也，不可罔也。"

今译

一、宰我问："有人告诉仁者说：'井里有人掉下去。'仁者会不会跳下去救呢？"孔子说："为何要如此呢？君子可能受骗到井边去救人，但不可让自己也掉进去！他可能会一时受骗，但不会受不合理之事所蒙蔽。"

二、宰我问："有仁德的人告诉他：'井里有仁者掉下去。'他是否会跟着下去呢？"孔子道："为何要这样做呢？君子可以叫他远远走开不再回来，却不可陷害他；可以欺骗他，却不可蒙蔽他。"

解读

一、听闻有人掉到井里，跑过去查看，乃合理之举。不论井中有无人员掉落，也不论自身有无救援能力，便跳入井中试图救人，定然不合情理，君子断不会如此行事。小人不择手段，利用君子的正直加以欺骗，君子必须合理应对，务必不为小人所害，方为明智之表现。

二、"井有仁焉"，井里怎会有仁？有人于"仁"字后加了个"者"字，意即掉在井里的是仁者，可难道只有仁者掉到井里，才有救与不救的问题吗？此说不通。仁，应同"人"，《论语》中"仁""人"混用之例不止一处。孟子说，"君子可欺以方，难罔以非其道"，即可以利用君子的正直善良欺骗他，却无法用不合情理之事蒙蔽他。罔，作"蒙蔽"解释更为恰当。此乃"欺"与"罔"的差别。

6.28

子见南子，子路不说。夫子矢之曰："予所否者，天厌之！天厌之！"

今译

一、孔子和南子见面，子路很不高兴。孔子发誓说："我如有不合乎礼的行为，相信上天会厌弃我！相信上天会厌弃我！"（否，不合乎礼。）

二、孔子见了南子，子路大不高兴，逼得孔子发誓。孔子说，你们的看法与我不同，我所否定的，一定是罪大恶极，如果真有罪大恶极之人，天意都会厌弃他。你们对于南子，用不着如此不高兴。（否，否定。）

解读

一、孔子为了行道，与南子见面，乃是现实所需，至少能够排除若干障碍，故而并非坏事。然而子路不高兴，主要因南子名声不佳，他不明白孔子为何要与之见面。孔子未怀疑子路有其他想法，所以也直率地采取发誓的方式予以回应。

二、孔子见南子，子路不大高兴，皆是事实。孔子也的确"矢之"。"矢之"甚是严重，等同于赌咒发誓。问题在于下面这句："予所否者。"孔子告知子路，我所否定的，我认为不可救药之人，必定是罪大恶极，不但人厌恶他，就连天也厌弃他，那么这种人便无须与之往来。可南子并非是"天厌之"的那种人，南子容貌美丽，卫灵公迷恋她，仅此而已。"谣言止于智者"，有聪明智慧之人，一听便知真假。我们绝不能依照旧的解释，把孔子说得像孩子偷嘴怕大人打一般，断无此事。

述而第七

7.1

子曰："述而不作，信而好古，窃比于我老彭。"

一、孔子说："我只传述而不创作，笃信自然且传承古代的文物制度，我私下里把自己比作商朝的老彭。"（述，指传述自然。）

二、孔子说："我只传承延续，不进行创造发明，既信古又好古，内心自比为老彭。"（述，传述，继承延续。）

解读

一、孔子并非依据自身的想象或推理来进行创作。他只是仔细观察、深切体会，将人性的本真描绘出来。传述古代文化，笃信古代文化，选取符合人性需求的部分，整理成册，以供众人参考。这种继旧开新的做法，才是历久弥新的主因。

二、孔子十分谦逊，他言自己述而不作，即为承先启后、继往开来，保留传统文化，就所知的将其继承并流传下来，不添加个人的创作和见解。他还谦逊地说"窃比于我老彭"，老彭即彭祖，一般认为他活了八百年。孔子此句意为，自己并无过人之处，不过是向彭祖看齐。彭祖注重传统文化，且秉持"述而不作，信而好古"的态度。总之，他等于是自我调侃地说："我没什么了不起，只是个老古董罢了。"

论语别解

7.2

子曰："默而识之，学而不厌，诲人不倦，何有于我哉？"

今译

一、孔子说："把所见所闻默默记在心里，努力学习而不厌弃，教导学生而不感到疲倦，这些于我而言算得了什么？"

二、孔子说："我没什么学问，只不过处处留意，默默地学习并强记下来；求学问不知厌倦，教导人不知疲倦；但除了这三点，我别无所知，一无所有。"

解读

一、看到事物，不应即刻做出判断，以免失误，此时应先默而识之，而后逐渐尝试、了解、体悟，再做判断，较为稳妥。学而不厌，必须懂得取舍，应当学的学，不应学的不学。诲人不倦，也要看对方有无学习意愿，不宜好为人师，以免徒增反感。

二、默而识之，意为做学问要宁静，不可心有旁骛，更不可力求表现，要默默地领会于心，此为关键。"不厌""不倦"，即为"有恒"。孔子言"圣人"与"善人"（即仁人），他未曾得见，能见到"君子"与"有恒者"便已不错，"难乎有恒"。孔子这三句话，表面看似容易，实则皆为真学问，我们众人难以做到。

述而第七

7.6

子曰："志于道，据于德，依于仁，游于艺。"

一、孔子说："立志追求道，依据德，依靠仁，游习于六艺。"

二、孔子说："要有志于道，熟稔于德，亲近于仁，游心于艺。"

一、"道"在此指"天下太平，社会秩序良好，百姓安居乐业"之意。"艺"指礼、乐、射、御、书、数等六艺。爱美与追求美乃人类天性，我们所追求的天下太平，需借由"六艺"的陶冶，使宇宙人生达至纯美的太和境界。"志于道"为起点，而"游于艺"则为最终目标。人的一生，遭遇各异，但无论如何，都应以增进自身的道德修养为终生努力之目标。道德修养以仁为本。若有闲暇，可通过艺术活动增添人生乐趣。

二、外在世界变幻万千，我们难以掌控。先提升内在修养，面对外界变化，自然会有定力，能够合理应对。从自身与家庭做起，重视人伦道德，进而敦亲睦邻，促进社区的安宁与和谐。

罗源凤山诗社群名"游于艺"，名出典籍，目标明确，乃佳名也。

论语别解

7.7

子曰："自行束脩以上，吾未尝无诲焉。"

今译

一、孔子说："凡是主动奉送一些微薄礼品来求教的人，我没有不给予教诲的。"

二、孔子说："凡是自带十条干肉以上作为礼物的人，我没有不教导他的。"

解读

一、"束脩"，十条干肉，作为普通的礼品，能够体现出尊敬与诚意。孔子收徒，不问出身，只问有无见面礼。有求教的意愿，并以小礼物表示恭敬与诚意，孔子秉持着有教无类、诲人不倦的精神，从不拒绝。

二、这里的十条干肉，长度和粗细未知，也许是十根腊肉般大小，也许与现代超市所售的一包香肠相近。古代吃肉难得，一包香肠已是极大的享受。孔子有弟子三千，一人一束干肉，便可得三万条干肉，更何况"束脩"之后还有"以上"，学生若愿多送，孔子也会欣然接受。"束脩"是拜师的"见面礼"，而非学费，学习的费用，或许需自理。

题外话：送礼并非简单易事，送错或送得不当，有时会产生反效果，难以挽回。礼并非越贵重越好，越新奇越受欢迎。不送则已，要送必须谨慎，力求恰到好处，令人欢喜。

述而第七

7.8

子曰："不愤不启，不悱不发。举一隅不以三隅反，则不复也。"

今译

一、孔子说："未到心里想求明白却不得其门而入之时，我不会去开导他；未到想说却无法说出来之时，我不会去启发他。如果提示他一种道理，却不能推想到其他类似的道理，我就不再教导他了。"（愤，心求通而未得。悱，口欲言而未能。复，不再教导。）

二、孔子说："未将其激愤起来，我不会去启发他；未引起其内心的怀疑，就不能去探究。若不能做到举一反三，就不能回归思想智慧的本位。"（愤，激愤。悱，内心有怀疑。复，回来。）

解读

一、"不愤不启，不悱不发"，"愤"是憋在心里，"悱"是话到嘴边，皆是内心冲动、不吐不快之态。孔子反对记问之学，认为只会死记硬背而不会提问的学生不值得教。要教，定要有内心冲动，问题提出后，才加以点拨、启发，让他们自己寻找答案。"举一隅不以三隅反"，形容脑筋死板、不开窍。"则不复也"，意为既然如此，也就没必要再讲第二次。

二、"不愤不启，不悱不发"，"愤"即激愤的心情，"悱"即内心有怀疑。孔子教学的原则，必先激发其思想，使其发愤，非要有强烈的求知心，才能启发出其本有的智慧。孔子所谓"当仁不让于师"，老师不一定完全正确，不能仅靠服从接受，若呆板地接受，学问会越来越差。多存怀疑就自然会去研究。"发"即研究。"复也"即回归。回到何处？回到思想智慧的本位，即回到自己智慧的本有境界。以研究历史为例，能够举一反三，就可前知过去、后知未来。否则白读死书，"则不复也"，学识又有何意义呢？

论语别解

7.12

子曰:"富而可求也,虽执鞭之士,吾亦为之。如不可求,从吾所好。"

今译

一、孔子说:"财富若可求得,即便是手执皮鞭的低贱之事,我也去做。若不可求得,还是做我应做之事吧。"

二、孔子说:"若富贵可求,即便地位低下,我也可尝试;若根本不可求,你还是如我一般,安贫乐道为好。"

解读

一、"富而可求",《史记·伯夷叔齐列传》引作"富贵而可求"。"富"指禄,现称"收入"或"工资"。"贵"指位,现称"头衔"或"地位"。商周时期,富贵由出身决定,血统既定,生来便定,无法选择,只能听天由命。子夏说,"死生由命,富贵在天"。在孔子所处的时代,血统论虽受到自下而上的冲击,但孔子仍认为,富贵不可求,令学生勿为其动心。

二、众多人追求财富,真正如愿者,永远为少数。可见财富不可求,仅能尽力而为,尝试看自己有多少获取财富的可能。既然如此,我们为何不定下志向,做自己应做之事?

述而第七

7.17

子曰："加我数年，五十以学《易》，可以无大过矣。"

今译

一、孔子说："让我多活几年，到五十岁时去学《易经》，就可以没有大过失了！"（加，增加。）

二、孔子说："借我几年，终于学成《易经》，就没有大过失了！"（加，同"假"，借。）

解读

一、这段话颇为著名。学者推测，此乃孔子于 47 岁之后、50 岁之前所言。《易》在古代乃传天数之学。孔子"五十以学《易》"，"五十而知天命"，两个"五十"，并非巧合。古人知天命，主要依靠数术；孔子知天命，主要通过学《易》，但他所关注的并非天道本身，而是命运如何。孔子学《易》是为了知命，知晓自己是否应出来为官。

二、往昔学者存疑，"五十以学《易》"之言不可靠，缘由是司马迁言"孔子晚而喜《易》"。50 岁，怎可言"晚"？他们认为，孔子学《易》，应是其生命的最后几年，因而将"五十"改为"卒"。今时，五十岁不算老，但于孔子之时代，已属晚年。孔子四十岁以后，才开始由下学人事进入上达天道的层级，其自我精进，由外放取向转为内敛取向。一人具备良好基础，再来研讨有关性命与天命之事，应更为务实。

7.22

子曰："三人行，必有我师焉：择其善者而从之，其不善者而改之。"

今译

一、孔子说："三人同行，其中必定有值得我学习之处。选择他们的长处来学习，以他们的短处作为自我改正的借鉴。"

二、孔子说："几人同行，其中一定能找到值得我学习之人，找出他们的优点作为自己的榜样；找出他们的缺点，查看自己有无，有则改正。"

解读

一、此处的"师"并非专指传统意义上的教师。任何值得我们学习和效仿的人或事，我们都可以称其为"师"。孔子所说的善与不善，可能是基于表面的观察，因为在短暂的相处时间里，很难进行深入的分析和理解。这段话主要是关于一般的言行态度，它提醒我们要始终保持谦虚的心态，善于发现他人的优点并学习，同时对于自身的不足要勇于改正。

二、在西方文化中，"三人"通常就是指三个人。但在我们的语境中，"三人"往往用来泛指少数几个人，而不仅限于确切的三个人。

这段话虽然从字面上看起来简单，但其实蕴含着深刻的道理。特别是对于知识分子而言，它具有重要的启示意义。常言道"文人相轻"，很多知识分子容易自以为是，觉得自己高人一等。比如，《儒林外史》中所描述的四个市井小民，在琴棋书画方面造诣颇深，这实际上是对那些自视过高的知识分子的一种讽刺。这段话提醒我们，无论身处何种地位，都应保持谦虚，不断学习他人的长处，反思并改正自己的不足。

述而第七

7.24

子曰："二三子以我为隐乎？吾无隐乎尔。吾无行而不与二三子者，是丘也。"

一、孔子说："各位以为我还有隐匿不告诉你们的吗？我实在没有任何隐瞒啊！我所做的事，没有一件不向你们公开的，这就是我的为人。"

二、孔子说："你们以为我还有所隐瞒吗？我没有什么可隐瞒的！我没有任何行为是瞒着你们这些学生的，这就是我。"

解读

一、孔子身教重于言教，讲话并非竹筒倒豆子般一吐而尽，而是别人不问时他不说，重在启发，使人觉得有所隐瞒，所以才有这一番解释。经师难求，人师难得。我们若有幸遇到难得的人师，最好注重身教，多多学习行为规范，用心体悟，方能深切领会而有所获。

二、真话犹如利刃，触之者伤。"事无不可对人言"固然是优良的品质，但于社会中却极为危险，对自身亦很危险。有人说，真话可以不讲，假话一定不说，此亦甚难。"知无不言，言无不尽"，即便是亲人之间也难以做到。因为，它对你及你所爱的人，同样具有杀伤力。

7.25

子以四教：文，行，忠，信。

今译

一、孔子教导弟子有四个重点：诗书礼乐、修养德行、存心忠厚、待人诚信。

二、孔子教育的宗旨有这四项：其一"文"，涵盖了一切知识及文学；其二"行"，指一生事业的成果；其三"忠"，对一事一物皆尽心竭力；其四"信"，即为有信义。

解读

一、孔子讲求因材施教，应该没有固定的科目。弟子们将孔子教导的内容，归纳为四个主要重点。诗书礼乐合称为文，指古代传承下来的典籍。修养德行，是将所学付诸实践，于力行中提升品德修养。存心忠厚，是对人对事的良好基础，必须尽心且宽厚。待人诚信，则是与人交往的基本修养，利于互助合作。

二、孔子教育的四个重点，不可分割。"文"，狭义而言是指文字作品，即文章，此乃后世的观念。在春秋战国时期，"文"应为广义的文章，包含了一切知识及文学。"行"，并非单指普通的操行，而是指一生事业的成就。古人早有"文人多无行"之说，所谓文人多半无行，即往往文章写得好之人，并无什么实际的功业。"忠"，并非唐宋以后所讲的忠于某一个人之意，孔子所言之"忠"，是对国家、社会、父母、朋友，对任何人任何事，一旦应允，就要有贯彻到底、永远不变的诚心。"信"，就是有信义，"信"是一种道德精神，必须从实践中得以证明。

7.26

子曰："圣人，吾不得而见之矣；得见君子者，斯可矣。"子曰："善人，吾不得而见之矣；得见有恒者，斯可矣。亡而为有，虚而为盈，约而为泰，难乎有恒矣。"

今译

一、孔子说："圣人，我是见不到的，能见到君子，也就可以了。"又说："善人，我是见不到的，能见到有恒的人，也就可以了。一般人原本没有却装作有，原本空虚却装作充实，原本穷困却装出富裕的样子，这样要想达到有恒，实在很难！"

二、孔子说，古代的圣人已远去，我见不到了，但是学圣人之道者总该有吧！如果能看到依圣人所教之道去学，虽未学全，但够得上称君子的，我便满足了。接着，他又说，真正的善人，过去历史中有，现今没有了，至少我未曾见过。只要见到一个有恒心之人，能做到"守死善道"，也就好了。现今社会之人，本身空空如也却胡乱充作颇有学问的样子，内在本就空虚却还引以为满，本应节俭却要讲排场。有这三种情形中的任何一种类型的人，定然不会有恒心向学问道德努力。

解读

一、孔子谈及四种"好人"：圣人居最高，乃有德有能且有权有位，能够兼济天下之人；善人其次，可能与仁人相近，积德行善，施惠于人（仅限上流社会之人）；君子再次，修己以敬（以恭敬审慎之态度修养自身）；有恒者，"为之不厌，诲人不倦"，能一辈子坚持做好事且乐此不疲之人，层次与君子相当。

孔子认为，圣人皆为古人，早已消逝，根本见不着，能见到几位君子便不错了。当世之人，不是有德无位，便是有位无德，无一人配称圣人；

善人亦稀少，他亦未见到。他认为"圣人"和"善人"乃理想目标，"君子"和"有恒者"是现实目标。

二、一辈子坚持做好事，难在哪里？孔子说主要有三条，"亡而为有，虚而为盈，约而为泰"。这三句话，一般解释为，人有虚荣之心，兜里明明没钱，却与人装阔，所以难以坚持。亦可换一种角度理解，人未见过大钱，拼了命也要去追求，此发自本能的冲动，挡不住也绕不开。

7.28

子曰："盖有不知而作之者，我无是也。多闻，择其善者而从之；多见而识之；知之次也。"

今译

一、孔子说："大概存在对事理不明却装作知晓而创作的人，我不会这样。多听他人的各种言论，选择其中好的来依从，多观察并记在心里，如此也可算是次一等的智慧了。"

二、孔子说："大概有一种无知却妄为的人，我没有这种毛病。我多闻多见，善于学习，听见好人好事就照着做，见到值得记下来的东西就赶紧记下来，这是因为，我仅有次一等的智力。"

解读

一、没有什么知识，却要装作知识渊博的人，随处可见。弄不明白原本的意图，便急于创新，说出一些似是而非的道理，也是常见的现象。孔子认为自己没有这种毛病，意在提醒众人，必须认识清楚，衡量准确，然后才有所言或有所行，这是负责任的态度。

二、一个人的时间有限，要想样样都明白，实在极为困难，宁可知之为知之，不知为不知，要对得起自己，不能害他人。

7.29

互乡难与言，童子见，门人惑。子曰："与其进也，不与其退也，唯何甚？人洁己以进，与其洁也，不保其往也。"

今译

一、互乡的人不讲道理，很难与之交谈。有一个互乡的少年求见，孔子居然接见了他，弟子们感到疑惑。孔子说："我赞许他上进，不赞成他后退，何必太过分呢？他洁身自好以求上进，我赞许他现在的洁身自好，不必追究他的过去啊！"

二、互乡有个很难与之沟通说话的小伙子前来拜访，孔子接见了他，门人不解。孔子说："我们赞同的是他的进步，而非退步，这有何过分？人家洁身自好以求上进，我们应该赞同这一点，而不要死盯着他的过去。"

解读

论语别解

一、孔子主张有教无类，凡是有心追求上进者，都给提供机会，并加以激励。像互乡这样闭塞的村落，由于信息匮乏，与外界往来不多，难免人会自以为是，很难与之沟通。好不容易有这么一个有心向上的少年，孔子当然不会因难以沟通而放弃。弟子们诧异不解，孔子趁机告知大家，为人处事不能心胸狭隘！

二、地方性的观念常常深植于人心。人们往往因地域观念的偏见，而影响对个人的评价。孔子接见了互乡的一个年轻人，学生们都感到奇怪，怀疑老师怎么会和这个地方的人交谈。孔子告诉学生，对于肯求上进的人，我们一定要帮助他。即便是一个坏人，如果他能够自我反省，就如同洗了个澡，把自己洗得干干净净，来寻求进步，只要能够做到这样，不就好了吗？这一段话既阐述了教育的态度，也体现了个人度量培养的重要性。

7.31

陈司败问昭公知礼乎？孔子曰："知礼。"孔子退，揖巫马期而进之，曰："吾闻君子不党，君子亦党乎？君取于吴，为同姓，谓之吴孟子。君而知礼，孰不知礼？"巫马期以告。子曰："丘也幸，苟有过，人必知之。"

今译

一、陈国的司败问孔子："鲁昭公懂得礼节吗？"孔子说："懂得礼节。"孔子退出后，陈国的司寇向孔子的弟子巫马期作揖，请他进来，对他说："我听闻君子不袒护别人的过错，君子也会袒护别人的过错吗？鲁君娶同姓的吴国女子为夫人，于是称作吴孟子。鲁君若算懂得礼节，那谁不懂得礼节呢？"巫马期将这番话转告老师孔子，孔子说："我很幸运，如果有过失，他人一定会知晓。"

二、陈国的司败问孔子，鲁昭公知不知礼，孔子说："那当然知礼。"孔子退出后，陈司败就对孔子的学生巫马期作揖行礼，靠近低声说，据我所知，真正了不起的君子，是没有偏私的，您老师他也免不了有私心。我刚才问他鲁昭公娶了吴国的一个女子为太太，取名吴孟子——古代同姓是不结婚的，吴国与鲁国同为周公之后，依礼是不能通婚。鲁昭公这样做，是否知礼？您老师说他知礼，假如鲁昭公是知礼，那人人都知礼了，还有哪一个不知礼？巫马期听了陈司败这样批评老师，回来向孔子报告。孔子说，我实在非常幸福，我只要有一点错误，别人就会指出来。

解读

一、这一段记载，重点在于最后一句。孔子无意中袒护了鲁昭公的短处，被批评犯了护短的过失。孔子知晓后，十分坦然地接受批评，还庆幸有人愿意明言，使他更加警惕，日后更加谨慎。

二、孔子所认为的"礼",其中有一条,就是子为父讳,臣为君讳。此处便是臣为君讳。孔子是故意如此。巫马期将陈司败的批评告知孔子,孔子也承认,陈司败的批评是对的,自己的话有错误。但在公开场合,他必须这样讲。这是揣着明白装糊涂。你们外国人认为他不对是你们的自由。而且你们外国人懂了,何必再问我?你问我,我当然这样回答。所以这也是孔子的高明之处,同时也是交际上的礼貌。

7.32

子与人歌而善,必使反之,而后和之。

论语别解

今译

一、当孔子与他人一同唱歌,若觉得对方唱得出色,他必定会请求对方再唱一遍,然后自己跟着和声。

二、当孔子听到别人歌唱得动听,他会请求对方再次演唱。在学会后,他会按照对方的音乐曲调,创作一首新的和歌。

解读

一、唱歌时,若歌词与情感相得益彰,毫无掩饰地流露出真挚的情感,孔子认为这样的机会非常难得。因此,他会请对方再唱一遍,而自己则和声相伴,共同享受这份音乐带来的愉悦。

二、"而后和之"中的"和之",指的是按照对方的歌和音乐曲调,创作出一首新的歌曲,这就是"和"的含义。我们常常在诗题上看到如"和某某先生诗"或"步某某先生韵"的表述。关于"步"与"和"的区别:"和"是依据原有的曲调和内容来创作新的作品,而"步"则有所不同,它意味着跟随前人的脚步,即只模仿其声调,而内容则可以独立于原歌之外,这就是所谓的步韵。

7.35

子疾病，子路请祷。子曰："有诸？"子路对曰："有之;《诔》
曰：'祷尔于上下神祇。'"子曰："丘之祷久矣！"

今译

一、孔子病重，子路请求为老师祈祷求福。孔子说："有祈祷求福这件
事吗？"子路回答："有啊！《诔》文中说：'替你向天神地祇祈祷。'"孔
子说："我早就祈祷过了！"

二、孔子患病，子路心急，欲为老师念祷词。孔子说有此治病之法
吗？子路说有，诔书上有记载，"祷尔于上下神祇。"孔子予以拒绝，说，
如果如此，那我每天都在祷告，却依旧患病。

解读

一、孔子反对迷信，但并未否定鬼神的存在。在他看来，祈祷和祭祀
在性质上大致相同。孔子很重视祭祀，因此也并不反对祈祷。然而，他曾
表示自己祈祷很久了，这主要是委婉地谢绝子路的好意，因为孔子认为祈
祷这种事情必须亲自去做，不能委托给他人。子路虽然出于好意，但孔子
不便直接回绝，所以选择这种婉转的方式来表明自己的态度。

二、孔子曾说，如果祷告能治病，那他每天都在祷告。他的意思是
说，祷告其实是一种展现诚敬心情的方式。所谓天人合一，便是出于这种
诚与敬的精神。在做学问和修养的过程中，人们应当时刻保持诚敬的态
度。孔子表示自己每天都这样做，就仿佛与鬼神相通，这便是他的理念。
另外，值得注意的是，诔文是死后表示哀悼的言辞，其中提及的祷祠都是
关于死者生前的事迹。当时孔子还健在，子路引用诔文显得颇为不妥，这
让孔子很生气。于是，他讽刺地回应道："是吗？那你为我祷病，岂不是很
久以前就应该做的事？"这是他在挖苦子路。

述而第七

7.36

子曰："奢则不孙，俭则固．与其不孙也，宁固。"

今译

一、孔子说："过于奢侈就不够谦逊，过于节俭又显得固陋。与其不谦逊，宁愿固陋。"

二、孔子说，生活奢侈、爱出风头的人，极易犯不守规矩、桀骜不驯的毛病；用钱俭省、脚踏实地之人，根基较为稳固。做人与其开放过分，不如保守一些为好。

解读

一、奢侈使人不逊，趾高气扬，得志便张狂。节俭使人固陋，见识短浅，不开窍，心胸狭隘，固执己见。奢有奢的弊端，俭有俭的不足。孔子说，与其不逊，宁可固陋，其主张宁俭勿奢。

二、"奢则不孙"中的"奢"，不只是说物质享受的奢侈，还有诸如喜欢吹嘘、做事爱出风头，皆属奢侈。"俭则固"中的"俭"，不单指用度节俭，还指凡事较为保守、慎重、不马虎，脚踏实地，皆属节俭。以人生境界而言，还是主张"俭而固"为宜。同时就个人而言，"奢"与"俭"，仍是要遵从传统的两句话："从俭入奢易，从奢入俭难。"

泰伯第八

8.2

子曰："恭而无礼则劳，慎而无礼则葸，勇而无礼则乱，直而无礼则绞。君子笃于亲，则民兴于仁；故旧不遗，则民不偷。"

今译

一、孔子说："恭敬但不合乎礼，就会烦扰徒劳；谨慎但不合乎礼，就会畏怯多惧；勇敢但不合乎礼，就会犯上作乱；率直但不合乎礼，就会急切责人。居于上位的人能厚待亲属，民间就会兴起仁爱的风气。居于上位的人能不遗弃故交旧友，民风就会敦厚而不至于人情淡薄。"（礼，礼节，行为规范，具有中和节制的作用。故旧，故交旧友。偷，人情淡薄。）

二、孔子说：有恭敬的态度但没有礼的内涵，一味打躬作揖，很快就会疲劳；做事谨慎固然很好，但没有礼的精神，一味谨慎小心，就会胆小怕事；有勇气固然很好，但内在没有良好的修养，一味好勇斗狠，就会引发祸乱；个性直率坦白固然可以，但学问上没有经过磨炼修养，一味心直口快，就会流于偏激。不放弃传统观念，民风就不会偷巧，社会风气就会稳定。（礼，礼的精神、思想文化的内涵。故旧，传统。偷，偷巧。）

论语别解

解读

一、人生最重要的是生活，生活最重要的是人情，人情最重要的是合理。合理的人情成为众人的行为准则，便称为"礼"。"礼"后面需要加上"节"字，才能实现合理。恭敬、谨慎、勇敢、率直，原本都是良好的态度，然而不能过度，必须进行合理的节制，从而形成合理的礼节。居于上位的人必须以身作则，百姓受到熏陶，自然会重视人情，不敢刻薄、忘本。

二、恭、慎、勇、直都是人的美德，是非常好的四种个性。但必须通过文化教育对其进行调和，如果没有得到调和，就会走向偏激。"故旧不遗，则民不偷"，"故旧"有两层含义。过去的解释是老朋友、老前辈。正如古人所说"念旧"，对老朋友的情谊始终铭记，即所谓"滴水之恩，涌泉相报"。故旧的另一层意义是传统，不遗弃故旧就是不抛弃传统观念。如果要推翻传统，最好先自我反思，因为没有父母这一传统，就传承不了自身，万事总有其根源。所以孔子说"故旧不遗"。一个伟大的人物，必定怀有真情实感，有真情实感才愿意牺牲，有这种血气，"则民不偷"。"偷"意思是偷巧，不偷巧，社会风气就会稳定。

8.3

曾子有疾，召门弟子曰："启予足！启予手！《诗》云：'战战兢兢，如临深渊，如履薄冰。'而今而后，吾知免夫！小子！"

今译

一、曾子病重，召集门生到床前说："掀开被子，看看我的脚，看看我的手。《诗经》上说：'小心谨慎啊！就像站在深潭旁边，就像走在薄冰上面。'从今以后，我知道我的身体可以免于被毁伤了，弟子们！"（免，免于被毁伤。）

二、曾子病重将死之时，把学生叫到面前来，吩咐后事，他说："替我把手脚摆好，放端正了。"然后他引用《诗经·小雅·小旻》篇里的句子："战战兢兢，如临深渊，如履薄冰。"意思是做人一辈子，常常提心吊胆，偶然不小心掉下去就没命。我现在已经病到如此地步，才敢说大话，我不会再犯错了。（免，避免犯错误。）

一、重病濒死之境，恰如进死亡之门。人若不知死，岂能懂得生。许多人大病一场，方才活得明白，所谓名与利，皆为虚妄。当然，亦有人病时清醒，痊愈后又糊涂。曾子乃有名的大孝子，其所作《孝经》云："身体发肤，受之父母，不敢毁伤。"儒家重生，认为生命乃父母所予之礼物，唯有保护好身体，方对得起父母。

二、曾子于临死时言，一辈子做人皆"战战兢兢"。"战战"乃发抖之态，"兢兢"为脚不敢踏实之状。做人一生，欲修养至死而无憾，如孟子所言"仰不愧于天，俯不怍于人"，实乃伟大之功夫。人常自欺欺人，然至将死之时，却骗不过自己。欲做到内心无亏，便需"如临深渊，如履薄冰"。人生如此艰难，足证学问之关键不在于文章之精妙或知识之渊博，而在于做人做事之修养，此乃孔门最为注重之处。

8.4

曾子有疾，孟敬子问之。曾子言曰："鸟之将死，其鸣也哀；人之将死，其言也善。君子所贵乎道者三：动容貌，斯远暴慢矣；正颜色，斯近信矣；出辞气，斯远鄙倍矣。笾豆之事，则有司存。"

一、曾子患病，孟敬子去探望。曾子说："鸟将死的时候，叫声很悲哀；人将死的时候，所说的话皆为善言。在上位的人应当重视三项道理：容貌举止依礼而行，就能避免他人的粗暴、放肆；脸色端庄，就容易令人信任；说话用词与语气得体，就能避免他人说出鄙陋不合理的话。至于礼仪器用等琐碎之事，有专职人员负责，不必多操心。"

二、曾子病重，临近死亡之际，鲁国的大夫孟敬子前来问候。曾子答复他说："我告诉你，鸟将死的时候，它叫的声音必然悲哀；人将死的时候，所讲的话多半是好话。在上位的人应重视三项道理：一是控制自身的感情流露，绝不能让人觉得粗暴和不耐烦；二是展现一身正气，务必让人觉得十分可靠；三是说话得体，绝无粗俗和悖理之处。至于该摆设什么，如何摆设，你们去问主持仪式的'有司'。"

解读

一、曾子借劝告孟敬子作为君子应注意的三件事，向全天下有志成为君子的人士传播自己的心得，流传至今，仍是人际关系互动的要诀，我们的确要注意。

二、"动容貌""正颜色"，属于仪容范畴。古书中的"容"和"色"有关，皆为肢体语言。今人之所谓体面，有体有面，但重点在面。人活一张脸，树活一张皮。面子代表尊严，但不可过分强调。中国有面子文化，常因死要面子而活受罪，便是过于看重面子。

"鸟之将死，其鸣也哀；人之将死，其言也善"。此语甚为有名。人将死时，理应说些掏心窝子、真心且有意义的话。但曾子所言全是关于君子的仪容，他留给孟敬子的三句话，听起来就如同丧礼的预演一般。儒家原本是替人操办红白喜事的，曾子学了一辈子，莫非最后要拿自己演练一番？

泰伯第八

8.5

曾子曰："以能问于不能，以多问于寡；有若无，实若虚；犯而不校——昔者吾友尝从事于斯矣。"

一、曾子说："自己有才能，却向才能比不上自己的人请教；自己见闻广博，还向见闻较少的人请教；有学问却如同没有学问一样；知识充实却仿佛空无一物；被别人冒犯也不计较。从前我的朋友颜渊，曾经有这样的表现。"（校，计较。）

二、曾子说："自己有才能，却向不如自己的人请教；知识渊博，还向专家请教；学问深厚，在待人处事时表现得很平常，好像什么都不懂似的；内涵丰富，表面看起来却很空洞、普通；别人欺负你，却毫不抵抗。我的朋友颜回，做到了这五点。"（校，抵抗。）

解读

一、实力强大之人，也存在不够充实之处。秉持谦虚的态度，自觉仍有空虚的容量，自然能够吸纳更多。诸葛亮的名言"集思广益"，便是善于汇集他人的学问思想，增添自己的知识见解，对自身极为有益。有人冒犯，无论有意还是无意，冒犯之人实际上心中有数，知晓自己在冒犯他人。我们若加以反击，恰好填补了对方内心的空虚，为其找到了冒犯的理由。倘若不计较，对方反倒会觉得自己不对，或许能够扭转局面，至少不会再继续下去。

二、"问于寡"，一种解释是向知识不如自己渊博的人请教。另一种解释是，从政之人多为通才，什么都懂；而"寡"可指专家。他们专门研究某一点，而这一点并非知识渊博者所能知晓。所以知识渊博之人，一定要向专家请教。"犯而不校"，此处的"校"是抵抗，而非计较。《司马法·仁本》中说"虽遇壮者，不校勿敌"，其中的"校"也是这个意思。意思是只要不抵抗，即便面对壮年之人，也不要将其视为敌人。颜回能做到这五点，看似容易，但以自身待人处事的经验来体会，几乎每一句话我们都未能做到。

8.8

子曰："兴于《诗》，立于礼，成于乐。"

今译

一、孔子说："诗能够激励人心，激发向善的意志；礼可以端正人的行为，使人坚持既定的原则；乐能够涵养性情，使人养成高尚的人格。"

二、孔子说："（培养新君子，重在三教。）起始于诗教，立足于礼教，完成于乐教。"

解读

一、有了诗的激发，兴起向善的意志。此时需要秩序、规矩的约束，以达合理。对于既定的为人处世原则，必须坚定不移。为了调和紧张的情绪，避免固执、僵化而缺乏应有的弹性，所以音乐、艺术的陶冶十分重要，能够让我们和谐、和合、和乐，成就高尚的人格。

二、孔子培养新君子，始于诗教，立于礼教，成于乐教。"兴"是开端，"立"在中间，"成"是终结。这三者相互关联。当时，礼仪场合有赋诗的风气，不学诗就无法在这种场合发言。诗用于礼，礼注重仪容、举止，一举一动都要符合君子风范。礼与乐不可分割，古代宫廷诸多仪式都有音乐伴奏，以烘托气氛，庄严肃穆，使人改变神色，变得颇具君子风度。诗歌诗歌，要落实于歌；礼乐礼乐，要落实于乐。孔子酷爱音乐，他认为，最能触动人心、改变人性的，莫过于音乐，故而将乐教视为最高层次。他授课时总有乐器在旁。他的教育是一种美的教育。孔子身旁，弦歌之声不绝于耳。

8.9

子曰："民可使由之，不可使知之。"

今译

一、孔子说："百姓的知识水平不能普遍提升，只能告知他们如何去做，却很难让他们明白为何要这样做的道理。"

二、孔子说："百姓只能依照统治者的意志行事，叫他们做什么就做什么，无需让他们明白为何要这样做。"

三、民众的知识与素质达到一定程度时，就要给予他们足够的自由权力去做他们想做的事；如果民众的知识与素质还比较低，就教育他们，促使他们提升自身的素质。

解读

一、《论语》的政治理想在于施行仁政，目标在于实现和谐的王道社会。公众事务，众人应当分担。有人明白事理，有人却不太清楚，这诚然是事实。尽量让众人明白，乃是一种沟通的强化。

二、统治者宣称，不平等具有合理性，主要着眼于人类实际存在的不平等，如出身、财富、权势、道德，还有体力、智力和性别差异等，尤其是智力。孔子认为，百姓是"中人以下"的糊涂之人，只能听从吩咐，而不明白为何要如此行事。鲁迅探讨过愚民政策，他说古往今来的统治者，都希望民尽其力而没头脑，但民众若真的失去思考能力，也就无法尽力。想要马儿奔跑，马儿需要吃草；想要民众出力，不能让他们没有头脑。

8.16

子曰："狂而不直，侗而不愿，悾悾而不信，吾不知之矣！"

今译

一、孔子说："狂妄却不直爽，无知却不忠厚，无能却不守信，对于这种人，我不知道该如何是好！"

二、孔子说："豪迈慷慨，但内心不正直；貌似忠厚，但心里鬼主意多；自己空空洞洞，却不相信别人。有这三种人，我不知道这个社会将会变成什么样子。"

解读

一、狂妄又不率直，实在难以让人称赞，最好是直爽而不狂妄；若是糊涂却又不老实，岂非更为糟糕；无知且不讲信用，众人不相信他，有时反而会欺骗他，并不能责怪他人。

二、这段话是在谈论人心不古、今不如昔。孔子感慨当时的社会，一般人的思想和个人修养存在三个大问题。这三个问题，不仅在孔子所处的时代如此，在我们看来，每个时代、每个社会都存在，尤其如今看来，更能深切体会孔子的这三句话。许多人"狂而不直"，"狂"本非坏事，"狂"意味着豪迈慷慨、志向远大、勇于进取、心地坦然。但假装狂妄的人众多，内心却不正直，这是一个重大弊病。"侗而不愿"，看起来笨笨的，似乎很厚道，可实际上并非真正的厚道。"悾悾而不信"，有许多人自身空洞无物，却不相信他人，也不相信自己，稀里糊涂地过一辈子。"吾不知之矣！"这句话颇为幽默，意思是说，对此我实在无法理解。孔子常以"不知"来表达自己的不满。

8.18

子曰:"巍巍乎,舜禹之有天下也而不与焉!"

今译

一、孔子说:"真伟大啊!舜、禹虽然拥有天下,却不把拥有天下当作一回事。"(与,相关。)

二、孔子说:"真崇高、伟大啊!舜、禹统治天下,却不亲自参与政务的处理。"(与,参与。)

解读

一、在孔子的观念中,尧、舜、禹三代,统治天下,身为全国的君王,心中未觉得当君王可贵,因此这才是真正的伟大,真正的崇高。

二、孔子主张君王最好能够无为而治,任用贤才,并且放手让他们施展才干。君王要实现无为而治,必须将自身的才智转化为一种容纳贤才的雅量。一方面减少君王的支配欲,另一方面也不至于有了权力便妄自尊大地为所欲为。

禅让和无为而治,是上古共同的政治理想。

8.19

子曰:"大哉尧之为君也!巍巍乎!唯天为大,唯尧则之。荡荡乎,民无能名焉。巍巍乎其有成功也,焕乎其有文章!"

一、孔子说："伟大啊，像尧这样的君主！崇高啊，只有天最为高大，只有尧的德行能够与天相比！真广远啊，百姓根本无法用言语来形容他的伟大！伟大啊，他所成就的功业！光明啊，他所制定的礼仪法度！"（则，相比。）

二、孔子说："尧的政治胸怀，是效法天一般的伟大。像大海一样浩瀚无边，他的伟大无法用言辞来形容。尧最伟大的成就、最伟大的光辉，是为中华民族开启了文化的传统。（则，效法。）"

解读

一、尧是黄帝的后裔，具备超人的聪慧才智，又具有温和、敦厚、俭朴、谦虚的美德。尧舜执政期间，一直是后人心目中远古圣王的黄金时代。尧天舜日，已然成为黄帝子孙的理想典范。天的伟大，在于四季运行而孕育万物，自身却默默无名。尧的肚量，能够与天相比，自然令人钦佩敬服。

二、孔子叙述历史，从尧开始。他说伟大的尧，其道德成就犹如天一样崇高伟大。天的伟大并非指天的空间广阔，上古"天"字是一个抽象的代名词。天的伟大在于天生万物于人类，却不索求回报。孔子说天的伟大，唯有尧去效法。古文中的"则"字，观念上即为法则。单独使用这个字作动词，就是"效法"的意思。孔子说尧的政治胸怀、政治气度，是效法天一样的伟大，只有付出，施惠于大众，不期望收回丝毫。

泰伯第八

子罕第九

9.1

子罕言利与命与仁。

今译

一、孔子很少主动谈论利益、命运和仁德。（与，和。）
二、孔子很少谈利益，但喜欢谈命运和仁德。（与，赞许。）

解读

一、"罕"意为稀少，并非完全没有。孔子少言利，并非只许重义不许重利，而是针对一般人重利轻义甚至见利忘义的情况，这才少谈利益。没想到后世子孙因此引发"义利之辩"。许多人只敢谈义，不敢谈利，形成偏颇思想，造就众多伪君子。合乎义的不一定不要利，有利的也未必不合乎义，何必非要二选一呢？

二、孔子不喜讲"利"，但喜欢讲"命"和"仁"。在《论语》一书中，孔子论及"利"总共仅有六处，且大多将"利"视为负面之物，或在"义"的限定下谈及。孔子讲"命"也较少，一共仅七处。孔子所说的"命"是天命，带有神秘色彩，大多以敬畏或感叹的口吻，通常是正面的。孔子讲"仁"甚多，共有五十九处。"仁"是孔子最为推崇的道德，他极少以"仁"称赞他人。这句话，如果以谈论的多寡而论，孔子罕言的，不只是"利"，还应有"命"。

论语别解

9.2

达巷党人曰："大哉孔子！博学而无所成名。"子闻之，谓门弟子曰："吾何执？执御乎？执射乎？吾执御矣。"

今译

一、达巷党人说："伟大啊孔子！学识渊博，却不专攻某种技艺以求成名。"孔子听到后，对门下弟子说："我应专注于哪一种技艺呢？驾车？射箭？我看还是专注于驾车吧。"

二、达巷党人说："孔子广博，六艺皆通，却不能以专精成就一家之名。"孔子听了对弟子说："我应当专于哪一种技艺呢？是当御手呢，还是当射手呢？我还是当御手吧。"

解读

一、孔子是通才，而非局限于某一方面的专家。像孔子这样的通才，无论在任何时代，都极为罕见。众人尊他为万世师表，却不能说他有何种专业技能，足以使他成为某一门的大师。

二、达巷党人的话究竟何意？孔子的回答又作何解？一种理解是，孔子广博，六艺皆懂，无法以一艺成名。而射、御之中，御低于射，孔子谦逊，若让他二者选一，他宁选更低贱的御。另一种理解是，达巷党人的话纯属讽刺。意为孔子如此广博，却不能以专精成就一家之名，岂不是白学了？孔子的回答甚是巧妙，他以御、射作比。古代战车中，射手和御手相互配合，分工不同，射手瞄准固定目标射击，关注的是一个点。御手并非如此，他拉着射箭之人四处奔走，唯有四处奔走，方能找到合适的目标。博与精最好两全，但若博与精只能二选一，孔子宁选博，这是为博进行辩护。

子罕第九

9.3

子曰："麻冕，礼也；今也纯，俭，吾从众。拜下，礼也；今拜乎上，泰也。虽违众，吾从下。"

今译

一、孔子说："礼帽用麻料织就，这是古礼；如今改用黑丝织帽，更为节省，我依从大众的做法。臣子见君主先拜于堂下，然后登堂拜见，这也是古礼；现在一般臣子免除堂下之拜，直接在堂上拜，态度傲慢。虽然违背大众，我还是主张要先在堂下拜礼。"

二、孔子说，丧帽用麻料制作，是古礼；现在的人用纯麻披孝就足够了，比较节俭，他认同节俭。古代与人相见，需跪下来拜，孔子说这是礼貌。但现在的人，行礼缺乏诚恳，拱拱手就算了。所以即使违背了大多数人的做法，还是要以我们的古礼为上。

解读

一、"冕"是礼帽，有麻冕和纯冕之分。"麻冕"是用麻布织成的礼帽，"纯冕"是用丝绸织成的礼帽。丝绸衣物比麻布衣物昂贵，是材料贵，但麻冕工艺复杂，织造细密，改用黑丝织帽，比用麻织更为节省。这种合理的改变，对礼的本意没有妨碍，所以孔子欣然接受。"拜"是跪拜。先拱手，俯首至手，称作拜手；然后双手伏地，磕头于地，称作稽首。"拜下"是孔子之前的古礼，要先在堂下拜，之后才登堂拜受；"今拜乎上"，是孔子当时的新礼，不在堂下拜，改在堂上拜。孔子认为直接在堂上礼拜，显得臣子傲慢，这样的改变不合理，所以坚持遵循古礼。对合理的改变，随大众；对不合理的改变，可坚持自己的主张。

二、在帽子的问题上孔子宁愿追随时尚，戴纯冕，从俭；在跪礼的问题上，孔子反对直接拜上，主张先拜下，这是逆反时尚，认为直接拜上，缺乏行礼的诚恳。孔子对于礼，主张节约，以俭朴为荣，宁俭勿奢，他不理会时尚，只遵从礼敬。

9.4

子绝四——毋意，毋必，毋固，毋我。

今译

一、孔子戒绝四种毛病：凭空揣测，绝对肯定，固执拘泥，自以为是。

二、孔子有四戒：不凭空猜想，不武断拘泥，不死板固执、不主观想象。

解读

一、"子绝四"所讲的是孔子良好的学习态度，弟子们将其列为共识，把它当作学习公约，成为孔门的学习四绝。凭空揣测，往往缺乏真实依据，妄下判断，容易导致错误结论。若加以绝对肯定，认为自己真的找到了答案，于是固执己见，不再接纳他人见解，岂不是自以为是，产生严重的成见和偏见？对于学习效果，不但大打折扣，而且很可能害人害己。

二、孔子的"四戒"，想法虽好，但实际践行起来很难。任何科学研究都离不开想象，也离不开判断。有想象就会有"意""我"，有判断就会有"固""必"，尤其是在小学问上。

9.6

太宰问于子贡曰："夫子圣者与？何其多能也？"子贡曰："固天纵之将圣，又多能也。"子闻之，曰："太宰知我乎！吾少也贱，故多能鄙事。君子多乎哉？不多也。"

今译

一、太宰问子贡："你们的老师是圣人吗？不然他为何如此多才多艺？"子贡说："这是上天使他成为大圣人，又让他多才多艺。"孔子听闻后，说："太宰真的了解我吗？我年少时贫贱，所以能做很多粗鄙之事。君子需要多才多艺吗？不需要啊！"

二、有位太宰问子贡说，孔夫子这位老师真是圣人啊，他为何如此渊博，样样都会？子贡说，他是天生的圣人，而且学问渊博。后来有人把他们的这段谈话告知孔子，孔子听了就说，你们以为太宰真的了解我吗？并非如此，因为我是孤儿出身，从小在艰难困苦中成长，贫贱时什么事都做过，所以对于人世间乃至低等的事都知晓。君子对自身要求很高，始终担忧自己人生经验不够充足，谁能称得上学问渊博呢？

解读

一、大圣人不一定多才多艺，多才多艺也未必能成为大圣人。孔子谦称自己只是多些小技艺，不敢以圣人自居。

二、"太宰知我乎"应加问号。孔子认为，"多能"与"圣者"没有直接关联，就他个人而言，不但与高贵出身无关，还恰恰相反，是少年时的卑贱造就的。孔子从不承认自己是圣人，这并非故作谦虚。他有两个理由：第一，自己无权无势，不可能如尧舜，成为百姓的大救星。第二，他很勤奋，但并不认为自己天生聪慧。这里说的是第二个理由。人们出于对伟人的崇拜，往往违背伟人自身的意愿，特别是伟人去世后，伟人已无法发声，谁敢站出来反对，将承受巨大压力。这是伟人的悲哀。

9.8

子曰："吾有知乎哉？无知也。有鄙夫问于我，空空如也。我叩其两端而竭焉。"

今译

一、孔子说："我有知识吗？没有啊。有乡下人向我请教，他非常诚恳；我从问题的首尾两端去探究，然后详尽地为他解答。"

二、孔子说："我有知识吗？没有哩。有一个庄稼汉向我提问，我原本一无所知；我从他问题的开头和结尾去询问，（才得出很多意思），然后尽量告诉他。"

解读

一、这段话该如何理解，一直存在疑问。旧注认为这是孔子过于谦虚。"空空如也"，有双重含义，正面含义是诚恳，负面含义是无知。有人（包括朱熹）采用正面含义，说鄙夫忠厚老实，虚心向孔子求教。孔子知无不言，诲人不倦，耐心教导鄙夫。但如此解释，与上文"吾有知乎？无知也"有何关系？如今的读本大多认可，"空空如也"是说孔子"空空如也"，"空空"取负面含义——"无知"。但既然你"空空如也"，为何还要教导别人？柏拉图笔下的苏格拉底与人讨论问题，总是一开始就说自己无知，引导对方发言，从正反两面为对方分析，揭露对方的矛盾，一步步引导对方，让其得出正确结论。在哲学史上，大家把这种讲话方式称为"产婆术"。老太婆不会生孩子，但可以帮助没有生育经验的少女顺利生下孩子。孔子的话是"产婆术"吗？未必。

二、对于这段话，有人认为，孔子的话全是在说自己的无知。"空空如也"是说自己无知；"我叩其两端而竭焉"，是把自己当作空空如也的罐子，像魔术师敲击他的道具，敲其两端，上面敲敲，下面打打，告诉观众，这里面可什么都没有呀。孔子为何在鄙夫面前说自己一无所知呢？我们不太明白，也许孔子自有他的想法和理由。

子罕第九

9.10

子见齐衰者、冕衣裳者与瞽者，见之，虽少，必作；过之，必趋。

今译

一、孔子看到穿丧服的人、穿戴礼服礼帽的官员和盲人，即便孔子坐着，他也一定站起身来；从他们面前经过时，也必定快步走过，以表尊敬。（少，坐。作，起立，表示敬意。）

二、孔子看到穿丧服的人、穿戴礼服的官员和盲人，不论其年龄大小，他一定会神色庄重；如果要从他们面前经过，一定快速走过。（少，年纪轻。作，变了脸色，态度严肃起来。）

解读

一、孔子重视以身作则，他的行为态度被弟子们看在眼里。对于穿丧服的人、为官之人以及盲人，给予特殊的礼遇，或表示同情，或表示敬意。

二、这节记载的是孔子做人态度的诚敬。尤其对那三种人，他尤为严肃。孔子见到这三种人，不论其年龄大小，他必"作"。"作"即变了脸色，也就是态度严肃起来。看到穿丧服的人，是一种同情；看到执政的人，要致敬；对于盲人，是怜悯。表面上看，这只是一个小举动，似乎无关紧要，但从这之中可以看出一个人学问和做人的修养达到何种程度。不但肃然起立，且"过之必趋"，一定会加快几步走过，这彰显了他心理上的修养。

9.11

颜渊喟然叹曰："仰之弥高，钻之弥坚。瞻之在前，忽焉在后。夫子循循然善诱人，博我以文，约我以礼，欲罢不能。既竭吾才，如有所立卓尔。虽欲从之，末由也已！"

今译

一、颜渊喟然感叹："孔夫子的道理，实在高深，越仰望它，越显得高大；越钻研它，越显得坚实；看它好像在前面出现，忽然又到后面去了。夫子循序渐进地善于引导我，先教我博学文章典籍，然后教我礼节，来约束我的行为。我想停止学习，也不可能。已用尽我的才力，而夫子的道依然卓然屹立在我的面前。我虽然想追随夫子，却无从跟得上啊！"

二、颜渊赞叹孔子的人格与学问，说是越看越高，越钻研越厚实。这个人难以捉摸，他的学问有多深，人格多崇高，无法估量。夫子的教育，让人有"欲罢不能"之感，自己唯竭尽所有才能和力量跟他学习，才能觉得"卓尔"而立，可以不依赖老师了，即使冷静下来反省，自己还是不行。虽然沿着他的道路前行，但茫然无头绪。

解读

一、"仰之弥高，钻之弥坚；瞻之在前，忽焉在后。"这是颜渊对老师的颂扬，形容老师的学问博大精深，难以捉摸。孔子循循善诱，使弟子们对学习欲罢不能。正是启发式的教学，带来了如此美妙的效果。

二、"循循然善诱人"，这种教育方式在东西方都是相同的。那么，什么是引导？说穿了，它其实只是一种"善意的欺骗"。举个例子，就像小孩子玩火柴一样，这是危险的事情。如果你直接告诉他不能玩，他反而会越想玩。但是，如果你赶快拿另一件玩具来吸引他，让他觉得别的玩具更好玩，从而放弃玩火柴，这就是"循循善诱"。教育如此，以此类推，各位如果未来成为领导者或从事政治活动，也应该学会"循循然善诱人"。这里的"循循然"，就是指要遵循个体的意志、个性和道理，引导他们走上正确的道路。孔子的教育方式就是根据受教者的思想、品格来因材施教，不会勉强或压制学生，而是打开门让他们自己看到，吸引他们进入。那么，用什么来引导他们呢？答案是"博我以文，约我以礼"。人文的学问就体现在这两句话中。所谓"博我以文"，就是追求知识的渊博。但知识渊博的同时，也不能忽视"约我以礼"的涵养。我们要在专精的道路上不断前行，同时在做人处事时保持文化思想的中心精神。

9.12

子疾病，子路使门人为臣。病间，曰："久矣哉，由之行诈也！无臣而为有臣。吾谁欺？欺天乎？且予与其死于臣之手也，无宁死于二三子之手乎！且予纵不得大葬，予死于道路乎？"

今译

一、孔子病重，子路派门人为孔子充当家臣以准备料理后事。孔子病稍好一些，便说："子路做这种诈伪之事，令我感到愧疚！我本没有家臣，却假装有家臣，我骗谁呢？骗上天吗？与其在家臣的料理下送终，倒不如由弟子们送终！我纵不能有卿、大夫的葬礼，难道无人来料理我的丧事吗？"（久，同"疚"，愧疚。）

二、孔子病得很重，子路组织了一个治丧委员会，安排孔子的学生充当操办丧事的"臣"。他忙活了半天，没想到老师的病突然好转。孔子听闻此事，极为生气。他责骂子路："好你个子路，你一直不老实，总是弄虚作假。我明明不该有这种待遇（诸侯才配有这种"臣"），你却自作聪明搞这一套。你想让我骗谁呢？骗老天吗（让我在老天面前装死）？况且，我就算死，也不能这样死。我与其死在你派来的这些'臣'手中，还不如死在'二三子'（指孔门最核心的弟子）手中。况且，我就算得不到隆重的葬礼（没有这些专职的'臣'来治丧），也不至于死在路上吧！死在路上也比这强！"（久，长久，一直。）

解读

一、变通是可行的，但变得离谱就是乱变，这是不应当的。子路应变时，未考虑孔子的身份和立场，致使变得不合理。所以孔子指责他，称其为诈伪。孔子平生最为重视诚信，也极其注重正名。他不喜欢造作，更不愿世人认为他违反礼制，使人产生言行不一致的怀疑。子路违背了他一贯的主张，使他感到很愧疚，觉得自己没能将子路教育好。

二、这段话体现了孔子的修养。从这段话可以看出两点：其一，可见当时的学生们，尤其是子路、子贡这些人，对孔子的尊崇。其二，孔子了不起的地方，除了他的学问、道德和修养之外，他在当时拥有众多弟子，三千弟子皆是各国的优秀人才，政治、经济、军事等方面的人才皆有，只要稍有动作，的确能够推翻任何一个国家的政权并取而代之。但他坚决不这样做。为何呢？他认为如此做产生的影响并不长久，要产生悠久而广博的影响，不在于权力，而在于文化与教育。他责骂子路行诈，认为子路自己欺骗良心，违背了道德。从这一段，可以看出孔子思想的通达。他的意思是，为何死还要摆排场。虽然他不能得到盛大的葬礼，总归是寿终正寝。一个人健康快乐地活着，死的时候不牵累他人，就是第一等人。孔子对于自己的生死，看得十分淡然。

子罕第九

9.16

子曰："出则事公卿，入则事父兄，丧事不敢不勉，不为酒困，何有于我哉？"

今译

一、孔子说："在朝廷做官时，尽心奉事长上；回到家中，尽心侍奉父兄。遇到宗族亲戚的丧事，尽力遵从礼法办理。喝酒时有所节制，不被酒所困扰。以上这些事，做到了，又算得了什么呢？"

二、孔子说："我这个人很平凡，出去做公职人员，回到家里就规规矩矩是家庭的一员，朋友间有丧事这类必定尽力帮忙，平日做人，不沉溺于酒色。除了这几点，我一无是处，毫无学问可言。"

解读

一、与上司相处融洽，但并非通过奉承讨好；对父兄孝顺尊重，但并非盲目服从。办理丧事要尽力遵从礼法，饮酒则须自我节制。这些都是做人的基本修养，做到了是理所应当，并不值得炫耀。实际上，真正重要的在于那些平凡的道理、平淡的生活以及平实的态度。能够持之以恒地践行这些，已经非常了不起，足以令人欣慰。

二、孔子说"不为酒困"，不单是指不喝醉酒。实际上人往往都容易处于迷醉状态。无论是对爱情的沉醉，还是对富贵功名的痴迷。道家的吕纯阳有两句诗说："浮名浮利浓于酒，醉得人间死不醒。"吕纯阳以道家的眼光来看这世界，众人都在沉醉中，至死都未曾清醒。"不为酒困"，应当是不沉迷于酒，没有酒瘾，并且始终保持清醒。也就是平常做人，不处于糊涂之中。

9.17

子在川上，曰："逝者如斯夫！不舍昼夜。"

今译

一、孔子站在河边，望着流水，说："时光的流逝就如同这流水啊，日夜不停地向前奔流。"

二、孔子站在河边告诉学生们："注意呀！你们看这水，过去的都像这样，一直向前，一直向前！而且是昼夜不停地向前。"

解读

一、水流为何不断？因为上有水源，下有大海作为归处。时间为何不停歇？因为人类历史能够上下承接。倘若不传承古圣先贤的道理，历史就会中断，人们也会忘本。世事多变，然而人心的德性能够不变。有变化有不变，方能生生不息，细水长流。

二、孔子这句话的意义，正如我们常见的一句话："天行健，君子以自强不息。""天行健"，是永远强劲地运行。"君子以自强不息"，是我们效仿宇宙，就如孔子所说"逝者如斯"，要效仿水不断前进。人生的思想、观念都要不断进步。满足于当下的成就，便是落伍。"逝者如斯夫，不舍昼夜"这句话，涵盖了诸多方面的意义，可以说孔子的哲学，尤其是人生哲学的精华，都凝聚在这句话中。在道家思想方面，老子也与孔子此观念相同，常以水来代表人生哲学。老子教导我们效仿水，中国有句老话："人往高处走，水往低处流。"老子教导我们要学水的下流，下流就是谦下，处在最下方。"人之所弃，我则取之"，如同大海容纳百川。老子还教导我们"上善若水"，最高的品德如水一般，百折不挠，包容接纳，以柔克刚，能屈能伸，冰清玉洁，永远自强不息。佛家也提及过水，依照佛学的分析，人的心理就像水一样，例如说"滚滚长江东逝水"，当我们看到一个浪头时，实际上这个浪头已经过去，接下来是另一个浪头。我们的思想、感觉、年龄、身体，一个钟头乃至一分钟前坐在这里的我，和此刻坐在这里的我，已经不知历经了多少变化，所以"今我非故我"，现在的我已不是前一分钟的我了。所谓"江水东流去不回"，历史永远不会回头，时间永远不会回头，人生永远像浪头一样，一波又一波地过去，想要挽回是不可能的。从另一个角度，以积极的观点看待人生，人生如同流水一般，不断向前涌进。历史不能停滞，人生要向前迈进，宇宙如此，人生也是如此。

9.18

子曰："吾未见好德如好色者也。"

今译

一、孔子说："我不曾见过爱好道德就像爱好美色的人。"

二、孔子说："我未曾见过喜好道德如同喜好美色那么深切的人！"

解读

一、"好色"是生理反应，往往情不自禁。"好德"则不同，常常需要压抑本能。孔子期望大家"好德如好色"，很难做到！

二、世间万物多有相对性。人们往往对显而易见的美色心生喜爱，认为自己有独到的审美眼光和强烈的爱好欲求。然而，对于那些看不见摸不着的道德品质，却很难产生同样的热情。孔子这一句话，并非叙述句，而是感叹句。他目睹这样的情形，却极为不满，认为大家最好提高警觉，至少应当做到"好德如好色"，以提升道德水平。这里所说的"德"，和《学而篇》"民德归厚矣"的"德"含义有所不同。"民德归厚矣"的"德"，仅有事实意义，无价值判断。此处的"德"，则具有价值判断，因为良好的品德，才可称为"德"。

9.23

子曰："后生可畏，焉知来者之不如今也？四十、五十而无闻焉，斯亦不足畏也已。"

一、孔子说："年轻人是值得敬畏的，怎么能知道他们将来的成就不如现在这一辈的人呢？但如果到了四五十岁还没有名望，那也就不足敬畏了！"

二、孔子说："后来的年轻人是可畏的，你怎么知道将来他们就不及我们呢？如果到了四五十岁还没有出息，一点名气都没有，这样的'后生'就不用怕他了。"

解读

一、"后生可畏"是孔子的名言，指不要轻视后代的年轻人。孔子说后来的年轻人可畏，并不是怕他们，而是说值得用心培养，值得重视。不要以为未来不如现在。孔子不轻视后代，更不轻视后来的历史，认为未来的社会不比他当下差。

二、这一段话是孔子在鼓励青年要努力进取，有一句格言"少壮不努力，老大徒伤悲"，说的就是这个道理。

子罕第九

9.24

子曰："法语之言，能无从乎？改之为贵。巽与之言，能无说乎？绎之为贵。说而不绎，从而不改，吾末如之何也已矣！"

今译

一、孔子说："严正告诫的话，能不听从吗？真正听了并改正才可贵啊！委婉劝导的话，能不喜悦吗？能寻思出话中的真义才可贵啊！如果只是喜悦而不仔细寻思，只是当面听从而不真正改过，那我也没办法了！"（法语，正言，带有批评口气的话。巽，委婉。）

二、孔子说："历代的格言，能说不听从吗？听后反省自己，发现毛病然后彻底改正才可贵。顺耳的话，听了难道会不高兴吗？可是光喜欢好听的话，自己却不加反省推敲。对于好的格言，只是欣赏，而不依照格言去改正自己的毛病。对于这种人，我也实在拿他没办法了！"（法语，格言，古人说的名言。巽，顺从。）

解读

一、带有批评口气的话，比较直接且逆耳，只要说得对，就不能不听。听了之后，最重要的是能照着去改。比较客气委婉的话，不能光高兴，重要的是能顺着说话人的思路，琢磨说话人的意思，好好省思，及时改过。

二、看到很好的名言，一定要因欣赏而背诵下来，铭记于心，还要把它当作一面镜子来照照自己，反省自身，改正毛病，这样读书，才是学以致用。"巽与之言"，就是顺从的话，顺着你的意思的话。对于好听顺从的话，应反复推敲，发现自身的错误，并及时改正。孔子的学问是注重实际行为和品德的，能够做到这些，才是真正的学问。

9.26

子曰："三军可夺帅也，匹夫不可夺志也。"

一、孔子说："三军人数众多，还可以把他们的主帅俘虏过来；但一个普通百姓，却不能强迫他改变心志。"

二、孔子说："三军虽可擒帅，但一个普通人，只要坚守自己的信念，真正有气节，也是不可屈服的。"

解读

一、人是非常脆弱的，常常无法左右环境，更难以与命运抗争，在无可奈何之下，总是认输妥协，或承认现实，或回避现实，求神拜佛，遁入空门。倘若在现实中无奈，又不像愚夫愚妇那样可以求神问鬼，那该怎么办？只有遵循这两句话。

二、"匹夫不可夺志也"，说的是一个人中心思想的形成。佛家、儒家都主张做人要达到"无我"的境界，这"无我"是针对个人修养而言。然而，处理事情则要"有我"，要有正确的意志和思想。用现代的话来说，就是要有主义的中心思想。任何人，只要真正有气节，立定了志向，无论如何都不会动摇。

子罕第九

9.27

子曰："衣敝缊袍，与衣狐貉者立，而不耻者，其由也与？'不忮不求，何用不臧？'"子路终身诵之。子曰："是道也，何足以臧？"

今译

一、孔子说："穿着破旧的袍子，与穿着狐貉皮袍的人站在一起，不会觉得惭愧，恐怕只有子路可以做得到吧！《诗经》上说：'不害人，不贪取，怎么可能做出不好的事呢？'"子路常诵读这两句话。孔子说："这只是起码的道理，哪里值得一直称颂呢？"

二、孔子说："有谁穿着破旧的袍子，敢跟穿皮大衣的站一块儿而不脸红，恐怕只有子路。别人再阔也不眼红，自己再穷也不贪求，如果能做到这一点，做什么都会顺利。"子路对老师表扬他的这段话终身不忘，总是挂在嘴边。孔子说："就这点道理，也值得老是挂在嘴边吗？"

解读

论语别解

一、穿着破旧却没有输给他人的感觉，这才是内心安然的表现，心中坦然，就不会觉得难为情。如果是出于不怕输的心理，那就是逞强。勉强自己不感到不安，实际上还是会不安。"不忮不求"，"忮"是嫉恨的意思；"求"是贪求。"何用不臧"，是说所做的事一定不会是坏事。"臧"是善的意思。"不忮不求"，当然是良好的修养。但如果已经养成习惯，真正在日常生活中表现出来了，就不必经常诵读，以免让人误解。子路不过是用这句话来勉强自己，才装出安然的样子，反而显得很不自然。

二、子路难得被老师表扬，对老师赞扬他的这段话总是念念不忘。孔子对他总是忘不了敲打，一得意就数落他。孔子说，瞧你就这么点德行，也值得老挂在嘴上吗？

9.28

子曰："岁寒，然后知松柏之后凋也。"

今译

一、孔子说："天气寒冷的时候，才知道松柏是在草木中最后凋零的。"

二、孔子说："天气严寒，然后才知道松柏是最后落叶的。"

解读

一、松柏在植物群中，并非特别显眼。到了寒冷时节，多数植物凋零，此时耐寒的松柏却依然青翠如常，十分难得。太平时期，小人往往比君子更为活跃，一旦遭遇变故，小人纷纷逃避，只有君子能够挺住，即便赴死也毫无遗憾。荀子说过："岁不寒无以知松柏，事不难无以知君子。"君子必须经过严格的考验，才能证明自己确实有能力。

二、孔子应该只是说，众多树木凋零之后，只有松柏依旧郁郁葱葱，仅此而已，这并非来自科学观察。后人常以"松柏之人"形容人有气节。

9.30

子曰："可与共学，未可与适道；可与适道，未可与立；可与立，未可与权。"

今译

一、孔子说："可以和他一起学习的人，未必能和他一起趋向正道；可以和他一起趋向正道的人，未必能和他一起坚守正道；可以和他一起坚守正道的人，未必能和他一起权衡事理的轻重。"（权，权衡轻重，使之符合道义。）

二、孔子说，有些人可以一起学习，年轻时做朋友挺好，但没办法和他同走一条道路，不一定能共同成就事业；有些人可以共同奔赴事业，但没办法共同建立一个东西，无法一起创业；有些人可以一起创业，但不能给他权力，无法和他共同权变。（权，权力，权变。）

解读

一、这段话讲述的是做人做事需要特别留意的事情。一起学习容易，但建立共识很难。即便有一些共识，坚持的态度也未必一致。要求步伐一致、齐心协力，产生强大的团队力量，那就更加困难。有了坚定的原则，为了适应内外环境的变化，必须灵活应变，以求得合理，这实在是非常不容易。

二、这段话是在讲学习的境界。第一是学道，即所谓"共学"；第二是追求道，即所谓"适道"；第三是守道，即所谓"立"；第四是用道，即所谓"权"。同样是学生，很多人只能做到前面的某几个阶段，却难以达到最后一步。

9.31

"唐棣之华，偏其反而。岂不尔思？室是远而。"子曰："未之思也，夫何远之有？"

一、"唐棣的花朵，翩翩摇曳。我难道不想念你吗？只是家离得太远了。"孔子说："只是他没有真正去思念罢了，又怎么会远呢？"

二、"唐棣的花朵，翩翩摇曳，我怎么不想念你呢？只不过你住得太远了点。"孔子说："什么太远了，恐怕是没想念过吧？真正想念，有什么远呢？"

解读

一、距离有两种：一种是实际的，可以用尺度衡量；一种是心理的，不能用尺度衡量。前者是固定的，有多远就是多远，没有弹性；后者则是变化的，具有很大的弹性。思念深切，再远也仿佛近在眼前，这是心理距离，可远可近，完全由人自己决定。我们能困住人的身体，却困不住人的心灵。可见心灵的自由，远比身体的自由来得宽广，可以自由伸缩。

二、"唐棣之华，偏其反而。岂不尔思，室是远而"，这是逸诗（未收入《诗经》305 篇之内的）。它以"唐棣之花，偏其反而"起兴，说我怎么不想你呀，只不过你住得太远了点。古代交通不便，哪怕在现在看来不算远的地方，路上也要花费很多时间，书信也很难寄达。别离的痛苦，思念的愁苦，是古诗中常见的主题。汉代人常说"长相思，毋相忘"，在镜子上、砖瓦上都有这样的话。

子罕第九

111

乡党第十

10.1

孔子于乡党，恂恂如也，似不能言者。其在宗庙朝廷，便便言，唯谨尔。朝，与下大夫言，侃侃如也；与上大夫言，訚訚如也。君在，踧踖如也，与与如也。

今译

一、孔子在自己的乡里，恭敬温和，好像不太会讲话的样子。而在祖先的庙堂或朝廷上，说话清晰流畅，只是始终保持着小心谨慎的态度。在朝堂上，和下大夫交谈，态度温和而愉快；和上大夫交谈，显出中正适度的模样。国君临朝时，态度恭敬而内心安和。

二、孔子在本乡本土非常恭顺，好像不善言辞的样子。他在宗庙里、朝廷上，有话就明白流畅地说出来，只是言辞谨慎。上朝时，和下大夫说话，显得轻松欢快；与上大夫说话，和气中还带着严肃；在国君面前，略显拘谨，但仍不失风度。

解读

一、《周礼·地官·大司徒》中讲"乡"，是五家为比，五比为闾，四闾为族，五族为党，五党为州，五州为乡。"乡党"是这类居民组织的统称。在本章中，"乡党"指的是宗族聚会的场所，在长辈面前，自然要恭敬温和，谨言慎行，以表尊重。宗庙是祭祀之处，"子入太庙，每事问"（《八佾篇》），意在弄清楚礼仪。在朝廷上议事，有话不能不说。说话时，在不同场合，与不同身份的人交流，很有讲究，面对不同的人，表情和语气应有所不同，这叫恰到好处。

二、儒家重视礼的精神体现，对事讲求礼仪，对物讲求礼器，对人讲求礼貌。至于社会政治制度，还有特殊的礼制。这些关于礼的教育，合称为礼教。我们常听闻"礼教吃人"，这是指过度僵化的结果，人备受束缚，反而无法安宁。所以，礼节的含义是礼也应当受到合理的节制，不能过分苛求。真正的礼教，追求的是内心真诚，自然表现出有我有人的相互尊重，并非凭空设定一套死板的条文让人盲目遵循。

10.7

齐，必有明衣，布。齐必变食，居必迁坐。

今译

一、斋戒沐浴后，要换上洁净的衣服，用布制成。斋戒时，一定要改变日常的饮食，不与妻室同房。

二、斋戒时，一定要洗澡，洗完澡，一定要穿浴衣。浴衣是用布（麻布或葛布，古代没有棉布）做的。斋戒期间，一定要把平常吃的某些食物和饮料（如葱蒜韭和酒）更换掉，平常坐的地方也要更换位置。

解读

一、"齐"，同"斋"。人非圣贤，谁能无过？儒家认为不要重复犯错，要善于弥补过错，同时提供天作为人忏悔、救赎的途径。以天为道，人应该依照天道来反省、改进自己的言行。与天对话，最好斋戒以表恭敬。此时，衣着、饮食和起居休息，都应当有所规定并以之约束自己。

二、命运在天也在己，向自己祈祷就是向神明祈祷。凡事求神不如求人，求人不如求己。自己先认真检讨，思虑周至，尽力而为，才是正道。

10.8

食不厌精，脍不厌细。

一、米饭不嫌舂得精白，肉不嫌切得细小。
二、粮食不嫌舂得精，鱼和肉不嫌切得细。

解读

一、"食不厌精，脍不厌细"，强调食物的加工要极为讲究，越精细越好。成语"脍炙人口"，"脍"是生肉，"炙"是烤肉，都极为美味。学者萧璠考证，"脍"就是生鱼片或生肉片，特别是生鱼片，我国称为"鱼生"。他说，吃生鱼片蘸青芥末，并非日本独有，我国历史上一直就有这种吃法，而且也蘸芥末。比如诗人称赞的"松江鲈鱼脍"，就是生鲈鱼片。内蒙、青海等地，也吃冬天储存春天化冻的生牛肉片和生羊肉片。不过生吃时，搭配的酱料很讲究。酱料的作用，不仅是提味，还有养生治病的功效，特别是防止生鱼片中的寄生虫侵扰。

二、孔子所处的时代，对于营养学的研究远不如现代发达。比如认为饭食越精细越好，并不符合科学研究的结果。这一描述，仅供参考。

论语别解

10.8

食饐而餲，鱼馁而肉败，不食。色恶，不食。臭恶，不食。失饪，不食。不时，不食。割不正，不食。不得其酱，不食。肉虽多，不使胜食气。唯酒无量，不及乱。沽酒市脯不食。不撤姜食，不多食。

116

一、粮食若放置过久会变坏或变味，不可食用；鱼类、肉类若已腐败，亦不可食用。食物若与平常颜色不同，或味道发生变化，则不宜食用。烹饪不当的食物，同样不可食用。非正餐时间，不随意进食。宰杀方式不恰当的肉类，应不吃；没有合适酱料调配的肉类，也应不吃。即便肉类丰富，也不可使吃肉的分量超过吃饭。饮酒需根据自身酒量，切莫贪杯醉酒而滋事。街头零卖的酒肉，如担心其不洁净，亦不食用。餐桌上生姜不可缺席，且食物不可过量食用。

二、粮食霉烂发臭，鱼和肉腐烂，都不要吃。食物颜色难看，不吃。气味难闻，不吃。烹调不当，不吃。不是当季的粮食蔬果，不吃。不是按恰当方式切割的肉，不吃。没有相应的调味酱料，不吃。席上肉虽多，吃它不要超过主食。只有酒可不限量，但不要醉。买来的酒和肉干不吃。吃完后，姜不撤走，但食不多。

一、饮食要营养均衡、分量合适，最好按时用餐，少吃零食，这样对健康有保障。遇到特殊情况，要合理加以调节。饮食习惯，要自己用心调整。随着年龄增长、健康状况变化以及所处环境改变，要及时调整应变，以达到合适的状态。

二、有人把"不时，不食"解释为"不是当令的粮食、蔬菜和酒肉，不吃"，这是不对的。如果是这样解释，说明孔子的嘴也太挑剔了。古人在吃喝方面讲究，有很多优点，但现在吃吃喝喝时划拳行令、时转圈敬酒、时借酒撒疯，实在令人讨厌。

乡党第十

10.9

祭于公，不宿肉。祭肉不出三日。出三日，不食之矣。食不语，寝不言。虽疏食菜羹，瓜祭，必齐如也。

今译

一、参与国君祭祀，分回来的祭肉，当天就分送给人。祭肉不能留存超过三天，超过三天就不能吃了。吃饭时不交谈，睡觉时不说话。即使是粗饭、菜汤、瓜类，临吃时也一定要先祭拜，而且要怀有诚意。

二、参加国家祭祀典礼，不要把祭肉留到第二天。其他的祭肉留存也不要超过三天，如果存放了三天，就不要吃了。吃饭时不交谈，睡觉时不说话。吃瓜前，先祭瓜；吃粗饭和较差的食物，也要态度严肃。

解读

一、无论是坐着、躺着还是用餐，都应有适当的仪态。过于随意的举止不仅有损体面，还会给人留下不良印象。

二、用餐和休息时保持安静，用餐本应是一种享受，而非仅仅是补充能量的过程。在餐桌上交谈，既能享受美食，又能享受交流的乐趣。当然，如何平衡说话与吃饭的时间和节奏，也是一门学问。营养学家指出，过度说话可能会影响胃部消化，但对大脑并无大碍。因此，在用餐时可以适当交谈，但要避免冗长的对话。如今，许多商业洽谈和社交活动都在餐桌上进行，有人只顾着交谈、使用手机等，却忽略了食物本身，这样的用餐方式也失去了其本质意义。

论语别解

10.13

乡人饮酒，杖者出，斯出矣。乡人傩，朝服而立于阼阶。

今译

一、乡里举行饮酒礼时，等老人都离席了，孔子才离席。乡里举行傩礼驱鬼逐疫时，孔子就穿上礼服站在宗庙的东阶上。

二、举行乡饮酒礼后，要等老人都出去了，自己才出去。本地方人迎神驱鬼，穿着朝服站在东边的台阶上。

解读

一、敬老尊贤是一种美德。人人都会变老，敬重老人，就是看重自己。贤明的高士，往往有很好的见解，如果尊重贤士，贤士就会主动表达出来，为社会做出贡献。

二、不同的活动，有不同的内容。事先清楚自己的角色，参与时把应有的角色扮演好，才会受到大家的欢迎。能够提供服务的，不惜出钱出力。接受服务的，要表示感谢，并且给予良好的回馈。共同参与盛事，使家乡、社区的活动丰富多彩且有益，促进和谐发展。

10.15

问人于他邦，再拜而送之。康子馈药，拜而受之。曰："丘未达，不敢尝。"

一、孔子派人探访他邦友人，一定行再拜之礼然后送其上路。季康子派人送药给孔子，孔子拜谢后接受，说："我不完全了解这药的用法，不敢试服。"

二、托人向在外国的朋友问好送礼，便向受托者拜两次送行。季康子给孔子送药，孔子拜而接受，却说道："我对这药性不太了解，不敢试服。"

一、拜送被指派的使者，是向所访问的人表示敬重。轻视使者，实际上也等于轻视自己。

二、大人物赐食，必先尝之。但赐药不同，不能马上尝。孔子"未达"，一是要斟酌自身的身体状况；二是要研究送来的药的药性。孔子认为，对于这类馈赠，不接受不合适，贸然尝之也不合适，正确的做法是先接受，但不尝。这是合乎礼节，也给对方面子的做法。不可随意赠送药品，以免增加受赠人的困扰，用也不是，不用也不是。最好征得受赠人的同意，才能赠药。

10.17

厩焚。子退朝，曰："伤人乎？"不问马。

一、马房着火了，孔子退朝回来，问："有人受伤吗？"不问马有没有受伤。

二、孔子家的马棚烧了。孔子退朝回来，问："有人受伤吗？"乡人回答："没有。"孔子听说没伤人，这才问马。

一、仁人爱物，是孔子的主张。但人比物重要，这是以人为本的体现。关心人的安危，应当优先于关心马。

二、这段话看似简单，却有诸多争论。

一是这里的"厩"，是什么"厩"？有人认为是鲁君的马棚，有人认为是孔子的养马处。孔子当时任鲁国司寇（前500—前498年），爵位是上大夫，按照当时的待遇，他家的马棚，应该有5辆车，20匹马。

二是"不问马"。朱熹说，孔子"贵人贱畜，理当如此"。但有人提出疑问，圣人仁民爱物，虽有先后亲疏之别，却无贵贱之分，怎么能贵人贱马，非要把一个"理"字塞进去，说"理当如此"？因此有人说这段话要改读，"不"字后面要断句，作为孔子乡人的回答。孔子听说没伤人，才问马。

10.27

色斯举矣，翔而后集。曰："山梁雌雉，时哉时哉！"子路共之，三嗅而作。

今译

一、在山间桥梁上，一群野鸡因受到惊吓而飞起，它们在空中飞翔了一圈后又聚集在一起。孔子指着那些野鸡说："看那些停在山梁上的雌雉，它们是多么懂得把握时机啊！多么懂得把握时机啊！"子路听后，去捉了一只雌雉过来，孔子责备他说："子路啊，你这样捕捉正在歇息的雌雉，可不是什么合适的时机啊！可不是什么合适的时机啊！"于是，子路将雌雉轻轻放在地上，只见那雉鸟三次扬起头来嗅了嗅，然后振翅飞走了。

二、子路（或子路陪孔子）在山里走，在山涧的木桥上看到一只雌性的山鸡，正向上飞，转了一圈又落下来。子路（或孔子）感叹说："这只山鸡真会掌握时机呀！"子路张罗，撒下诱饵，但山鸡闻了几遍，还是拍拍翅膀飞走了。

解读

一、做任何事情，恰当的时机都是重要的因素。契合时机和情势，做起来就会十分顺利。否则就是不识时务，违背时令。丧失正当性，就会成为不正当的行为。孔子当时有感于鸟能得其时，人却不得其时。子路没有这种警觉，居然还想去捉雌雉。孔子用"时哉！时哉！"启发子路，要养成察言观色的习惯，观察当时的情况，判断是可为还是不可为。

二、这段话的意思耐人寻味。它也许是暗示，孔子想投身政治，一直在寻找时机，但又怕深陷其中，就像曹操说的"绕树三匝，何枝可依"。如果是这样，位置又恰好在半部《论语》的结尾，倒是有点余音袅袅的意味。

先进第十一

11.1

子曰："先进于礼乐，野人也；后进于礼乐，君子也。如用之，则吾从先进。"

今译

一、孔子说："前辈对于礼乐的掌握，较为质朴，如同乡下人；晚辈对于礼乐的掌握，注重文饰，如同城里人。如果要选用，我还是遵从前辈。"

二、孔子说："（我的弟子中）早期学习礼乐完成高等教育的，大多是出身寒门、地位低贱之人；晚期学习礼乐完成高等教育的，大多是世家子弟、为官之人。如果要我选用，我宁愿选用出身贫苦的孩子，而不选用富贵子弟。"

解读

一、孔子主张采用礼乐应遵从先进，崇尚质朴。应多充实内在，重视内在的修养。然后再讲求形式的美观，加强外在的礼仪。否则，虚有其表，没有实质意义。能瞒得了一时，却骗不了长久。

二、孔子开门授徒，类似于后世的帮会。韩非子说，"儒以文乱法，侠以武犯禁"（《韩非子·五蠹》)，武帮会是侠，文帮会是儒，都是民间组织。当时只有出身寒微、渴望学习的学生才来求学。富贵的学生，大多是在他名气大了之后才慕名而来。另外，孔子的学生早期大多归隐，晚期才纷纷出仕。"先进""后进"的概念，现在也在使用，但意思正好相反。如同文质之辩，文胜于质是进化论，质胜于文是退化论。古人多持退化论。他们所说的先进是前辈，后进是后辈（《论语集注》)。我们现在所说的"先进分子"都是指后来居上、超越前人的人，这样的人，按照原来的说法，反而是属于"后进分子"。

11.2

子曰："从我于陈、蔡者，皆不及门也。"德行：颜渊，闵子骞，冉伯牛，仲弓。言语：宰我，子贡。政事：冉有，季路。文学：子游，子夏。

今译

一、孔子说："以前跟我在陈、蔡共患难的那些学生，现在都不在我门下了。在德行方面出色的有：颜渊、闵子骞、冉伯牛、仲弓。在言语方面出色的有：宰我、子贡。在政事方面出色的有：冉有、子路。在文学方面出色的有：子游、子夏。"（不及门，不在门下。）

二、孔子说："以前跟随我周游列国，在陈、蔡蒙难的学生，都未能入仕，没有学生在陈、蔡为官，找不到打通仕途的门路。个人修养好的有：颜渊、闵子骞、冉伯牛、仲弓。口才和外交才能好的有：宰我、子贡。管理才能好的有：冉有、季路。人文学术好的有：子游、子夏。"（不及门，不在仕进之门，没在做官。）

解读

一、在孔子于陈、蔡受困时，杰出的弟子，都跟随在他左右。如今各奔前程，分散各地，孔子想起当年的情形，似乎十分想念。孔子时代并未像如今这样实行分科教育。分科教学虽有诸多好处，但缺乏通识的专才，往往只知其一，不知其二。现代社会知识爆炸，分科教学似乎难以避免。我们只能自觉地拓宽自己的视野，扩充自己的学习领域。

二、这段话是孔子晚年所讲，略带感伤，也有回顾之意，饱含怀念故旧之情。这段话很有名，是讲"四科十哲"。古代选拔人才的方式不断变化，但大体不出"德行、言语、政事、文学"这四科的范围。后来完全依靠文章，依据考试成绩，孔子若地下有知，会作何感想？这里孔门四科中的十位代表人物，称为"十哲"，相当于我们如今评选先进代表人物时常说的"十佳"。每个人各有专长，全才极少。就以孔子的学生来说，德行好的人不一定能做事，有才能的人能办事，但不能要求他德行也好。所以过去的帝王，用人看重才能，尤其在乱世、拨乱反正之时，要用有才之人，只好暂且不考虑德行。人才难求全，历史上也并非没有全才，不过，德行、言语、政事、文学都好的，确实少见。

11.4

子曰："回也非助我者也，于吾言无所不说。"

今译

一、孔子说："颜回啊，他不是使我在教学上有所增益的人。对于我所讲述的道理，他没有不心悦诚服的。"

二、孔子认为，像颜回这样，对老师的话认为句句都对，这样对老师来说是不会有帮助的。

解读

一、孔子认为，颜回对老师个人没有什么帮助，老师说什么他都听从。孔子能成为圣人，就在这种地方。他的意思是，颜回认为他说的话都对，但真的都对吗？应当多加反省。这句话并非从道德标准来讲，仅论个人行为修养，如果一个领导，遇到部下都说自己对，绝对没有反对的意见，就要反省自己对的程度。真正对自己有帮助的，一定会有不同的好意见。所以一个领导人，最难的是容纳相反的意见。对于相反的意见，听了以后，把自己的观点抛开，就他人的意见想想，如果有道理，然后与自己的意见作正反的中和。这种态度是做人处事的高度修养。

二、孔子批评颜回，说他光听老师的话，每句话都喜欢，毫无异议。这是明贬暗褒。孔子曾经说过："知我者，颜回也。"对颜回的赞赏可想而知。颜回对老师讲的话"不违如愚",即不违背老师讲的话,但暗中观察,颜回还能加以发挥,且不违背原则,可见颜回不笨。不仅不笨,还表现得十分杰出,在孔子三千弟子、七十二贤中名列前茅。这和当面唯唯诺诺,背后却不能发挥,或者发挥了却违背原则,是有区别的。前者是诚恳之人,后者是权术之人。

11.5

子曰:"孝哉闵子骞!人不间于其父母昆弟之言。"

今译

一、孔子说:"闵子骞真是有孝心啊!别人对他父母兄弟称赞他孝顺的话,都说不出什么闲话。"

二、孔子说:"闵子骞有孝名,当时谁都赞同他家里人所说的——孝哉闵子骞。"

解读

一、没有人非议他的父母兄弟,之所以凸显出闵子骞的孝心,是因为他没有盲目听从父母兄弟的话,以致做错事而连累父母兄弟,遭人非议。儒家论孝,只有孝心、孝行、孝道之说,没有孝顺一说,因为"孝顺"很容易引起凡事都应顺从的误解。实际上,合理的当然要顺从,若是不合理的,就不能盲从。盲目顺从,把责任推给父母兄弟,当然是不孝。

二、闵子骞有孝名,据说他早年丧母,受继母虐待。天寒地冻时,继母的孩子穿得暖和,他却只有用芦絮做成的破袄,冻得无法为父亲备马套车。他父亲大怒,要休掉这个继母。他极力劝阻,说千万不能这样,如果休了她,不光我一人挨冻,继母带来的两个弟弟也要受冻。他父亲非常感动,继母从此也悔改,变成了慈母。

11.6

南容三复白圭，孔子以其兄之子妻之。

今译

一、南容吟诵了三遍《白圭》这首诗，孔子就把侄女嫁给他了。

二、南容每天多次诵读《白圭》这首诗，孔子作主把侄女嫁给他。

解读

一、念念诗，唱几遍歌，就得到孔子的侄女做妻子，这当然不是偶然的，不然孔子嫁侄女也太草率了。南容通过反复吟诵《白圭》，展示了他对白璧无瑕般美德的向往。孔子看中了他的这种志向和品行，再加上平时对他的观察和考核，最终决定将侄女嫁给他。这并非仅仅因为他能唱歌或吟诗，而是基于对他品德的全面认可。

二、《诗经·大雅·抑》中的"白圭之玷，尚可磨也；斯言之玷，不可为也"意味着，白玉上的污点还可以磨掉，但言语中的错误却无法挽回。南容，即南宫适，通过每天吟诵这几句诗来提醒自己言行要谨慎。这种谨慎的态度和孔子的教导相契合，再加上孔子对他政治智慧的赞赏，认为他懂得进退之道，因此孔子在深思熟虑后，将侄女嫁给了他。这样的决定是合理且经过慎重考虑的。

11.8

颜渊死，颜路请子之车以为之椁。子曰："才不才，亦各言其子也。鲤也死，有棺而无椁。吾不徒行以为之椁。以吾从大夫之后，不可徒行也。"

论语别解

一、颜渊死了，他的父亲颜路请求孔子把车子用作颜渊的外棺。孔子说："不管有才能还是没有才能，说来都是自己的儿子啊！以前我儿子孔鲤去世时，也只有棺而没有外棺。我那时也没有把车子当作外棺使用，因为我还要跟从在大夫后面，依礼是不可以步行的。"

二、颜渊死了，他父亲颜路请求孔子卖掉车子来替颜渊置办外椁。孔子说："不管咱们的孩子有才没才，你的孩子是孩子，我的孩子也是孩子。我的儿子孔鲤死了，也只有内棺，没有外椁。我不能卖掉车子步行来替他买椁。因为我也曾做过大夫，是不可以步行的。"

解读

一、这是记载颜路为颜渊筹办丧事，他请求孔子把车子用作颜渊的外棺。（或者解释为：请求孔子把车子卖掉，给颜渊买一副椁。）椁分为若干空间，中间放棺，外面放随葬品。这种葬具，只有身份高的人才配有，比较贵重。孔子拒绝，理由有二：一是他把颜路的儿子和自己的儿子同等看待，他的儿子孔鲤死时只有棺，没有椁；二是他当过鲁国的大夫，现在身份如同大夫，大夫都有车，他不能不顾身份徒步而行。况且诸侯赐给的马车是不可以卖掉的。

二、孔鲤死于孔子七十岁时，颜渊死于孔子七十一岁时。孔鲤在先而颜渊在后，孔子既不能以车子作为孔鲤的外棺，当然也不可能答应用车来当作颜渊的外棺。这一点颜路应该有自知之明。如果孔子答应颜路的请求，对自己的家人，要如何交代？是不是偏爱弟子而忽视亲生儿子？不应该答应的，必须断然拒绝。

先进第十一

11.12

季路问事鬼神。子曰："未能事人，焉能事鬼？"曰："敢问死。"曰："未知生，焉知死？"

今译

一、子路问如何侍奉鬼神。孔子说："连人都侍奉不好，怎能侍奉鬼神呢？"子路又问："大胆请问死后的情形如何？"孔子说："生前的事都还不清楚，怎能知道死后的事呢？"

二、子路问祭祀鬼神之事，孔子没有正面回答，只说对于人事问题还没有处理好，就不要去讨论鬼神的问题。接着子路又追问人怎么死以及人为何会死，孔子也没有正面回答，只说不知道生从何处来，又怎么知道人如何死？

解读

一、"事鬼神"，就是祭祀鬼神的意思。孔子当然有自己的看法，只是由于子路在孔子心中，还未达到谈论这些事情的层次，所以才这样回答。孔子和世俗人一样，并不否定鬼神的存在。所不同的是，保持着一种若即若离的微妙关系。他的先后次序十分明确，先侍奉人，后侍奉鬼神。先把现实生存方面的事情弄明白，然后再探讨鬼神方面的事宜。

二、人是活着的人，鬼是死去的人。这两个问题，实际上是有关联的。孔子对鬼神并非不信，对死亡也并非漠然置之，他只是比较超脱，重视活人超过死人，重视生命超过死亡。他说鬼神属于天道的范畴，"人道迩，天道远"，人自身的问题都没有解决，怎么去谈论那么遥远的天道问题？他认为子路他们这批学生，对于讨论生死这样重大的问题，难以说清。好好生活，尽到活着的本分，先把人做好再说。

论语别解

11.13

闵子侍侧，訚訚如也；子路，行行如也；冉有、子贡，侃侃如也。子乐。"若由也，不得其死然。"

今译

一、闵子骞侍奉在孔子身旁，有中正适度的样子；子路，有勇武刚强的样子；冉有、子贡，有温和快乐的样子。孔子很高兴。他说："像子路这样，恐怕不得善终啊！"

二、闵子骞站在孔子身旁，一副恭敬严肃的神情；子路，一副雄赳赳、气昂昂的神情；冉有、子贡，一副轻松随便的模样。孔子笑了笑，说："像子路这副模样，恐怕活不到寿终。"

解读

一、自古以来，刚强的反而容易折断，像子路这样的人，往往很难得以寿终。子路后来死于卫国内乱，不幸被孔子言中。子路死时，孔子七十二岁，接连失去儿子孔鲤、心爱的学生颜回，孔子的悲伤可想而知。子路不得寿终，并非不得善终，因为军人战死沙场是莫大的光荣。寿终不如善终，活得长久，不如活得有价值。

二、这是将子路与闵子骞、冉有、子贡三人进行比较。"子乐"，并非含有讥讽之意。孔子为何而乐呢？他乐的是弟子们各具风采，闵子骞恭敬正直，子路刚强勇猛，冉有、子贡从容不迫。然而，孔子又担忧子路过于刚强，所以说"像他这副模样，恐怕不得善终"。古人曾说"故强梁者不得其死"（《老子》第 42 章），刚强过度者往往容易遭遇不幸。后来，子路果然在卫国遇难，被人砍成肉泥。孔子得知后十分难过，连肉酱都不忍心再吃，将其倒掉了。

先进第十一

11.14

鲁人为长府。闵子骞曰："仍旧贯，如之何？何必改作？"子曰："夫人不言，言必有中。"

一、鲁国人修筑一座叫长府的库来收藏武器、财货。闵子骞说："依照老样子建造，怎么样？为什么一定要改造？"孔子说："这人一向不多说话，一开口必定很中肯。"

二、鲁昭公要改造长府，准备在此起事，闵子骞知其力不足以制季氏，于是委婉劝阻，说依旧保留原样，怎么样？何必非得改造。孔子说，他这个人不爱讲话，但一开口就说到点子上。

解读

论语别解

一、古人把聚藏财物的地方叫府，不叫仓、库。仓是粮仓，库是武库，与府不同。据《左传》昭公二十五年记载，鲁昭公曾以此为据点，讨伐季氏，失败后被迫出逃，三年后，死在晋国。这里，鲁人改造长府，时间和背景都不清楚，前人有多种猜测：或认为是季氏为防止类似事件再次发生，打算彻底改造长府；或认为是季氏怕鲁人议论，忠义之士叹息流涕，改造是为了抹去记忆；或认为是鲁昭公自己要改造长府。但这些猜测都无法得到证实。

二、闵子骞反对改造长府说了这番话，受到孔子的称赞。当时孔子35岁，闵子骞只有20岁。孔子不鼓励多言，更厌恶胡言乱语。闵子骞平日少言，一开口就切中要害。谨言慎行，是每个人都需要的修养。不论官职多大，钱财多丰，年岁多长，学问多深，都不能例外。

11.15

子曰："由之瑟奚为于丘之门？"门人不敬子路。子曰："由也升堂矣，未入于室也。"

一、孔子说："子路弹瑟不合雅颂，为什么要在我的门下弹呢？"弟子们因此不敬重子路。孔子说："其实子路的学问，已达到高明的境界，只是还没达到精深的程度啊！"

二、孔子说："子路鼓瑟，不怎么好听。"还说："你也配在我这儿表演。"老师都这么说了，其他学生当然看不起子路。孔子又出来打圆场说："子路的水平还算可以，至少是从庭院顺阶而上，到了外面的堂屋，只不过还没有进入内室罢了。"

解读

一、弟子分多种，入室弟子能最得老师的真传。像子路这样，只登上了孔子的堂，尚未进入孔子的室。子路鼓瑟，不合乎雅颂的要求。孔子明确表示不及格，仍需勤奋学习多加练习。同学们因此看不起他，孔子赶忙替他解围，说已经不错了，只是不够精深，希望大家不要嘲笑他。我们常说的登堂入室，原是升堂入室，用来比喻学业的进程。先进入正大高明的领域，再深入精致的奥妙。学生不及格，老师当然不应放松，应当严格督促，以期严师出高徒。但在学生中维持和谐的氛围，也是老师的责任，所以遇到不当的表现或不必要的误解，应该设法加以化解。

二、这里是批评子路。孔子教学，与学生谈话时，旁边有琴瑟伴奏。子路原本音乐不太在行。旧说子路鼓瑟，有"北鄙杀伐之声"，演奏起来大概很激烈，影响谈话。孔子先批评，后又圆场替他解围，但还是指出他的演奏水平还不够高。既然未入室，就别在屋里弹了，子路如果知趣，就离老师远点，要弹也在外面弹。

先进第十一

11.16

子贡问："师与商也孰贤？"子曰："师也过，商也不及。"曰："然则师愈与？"子曰："过犹不及。"

一、子贡问："子张和子夏两人谁更贤明？"孔子说："子张有些过分，子夏有些不足。"子贡说："那就是子张更贤明了？"孔子说："过分和不足同样不好。"

二、子贡问："子张和子夏两人谁更贤明？"孔子说："子张太过分，子夏又不足。"子贡问："是不是子张比子夏强一点？"孔子说："过分和不足是一样的。"

解读

一、孔子对颛孙师（子张）和卜商（子夏）直呼其名，子贡比他们大十来岁，也直呼其名。这里是将子张和子夏作比较。子张性格偏激，类似子路，孔子认为太过分。子夏，学问好，为人谦和，但孔子认为他的不足在于太过保守。子贡听了以后，觉得子张好像比子夏好一点。不料孔子却说过分和不足，都不符合中庸之道，同样不好。中庸之道实际上就是合理。朱子说无一事不合理即中庸，这是最为恰当的解释。凡事恰到好处，便是中庸。

二、把一件事从头到尾做好，就是完成一件大事。不要好高骛远，也不要过分拘谨保守，以致什么事情都做不好。凡事考虑妥当，就应该立即去做。否则犹豫不定，想得太多，反而不敢着手去做。当机立断，才不会错失良机。

11.19

子曰："回也其庶乎，屡空。赐不受命，而货殖焉，亿则屡中。"

今译

一、孔子说："颜回的学问道德差不多接近圣道了，可是他经常那么穷困。子贡不做官而去做生意，经常能够猜中物价行情。"

二、孔子说："颜回命途多舛，处理事情屡屡落空；子贡不为官而做生意，预测行情屡次准确。"

三、孔子说："品德最好的只有颜回，对于任何事情，无论得意或不得意，都能放得下，达到'空'的境界。子贡不太愿意走呆板的路线，他做生意的本事非常大，判断估计很少失败，每次都被他料中。"

解读

一、贫穷不妨碍行道。颜渊家贫，仍被后人尊为圣贤。孔子教学以弘扬大道为主。弟子有意经商，孔子并不加以鼓励。不过，当老师的，应该尊重学生自己的选择，勉强学生做不喜欢的选择，并非教育的目的。

二、"屡空"，指太穷，常常处于空乏状态。不过"屡空"这两个字，有不同的解释，尤其学佛、学道的人解释不一样。他们解释说，只有颜回是孔子的得意门生，才能做到"空"的境界。对于任何事情，都能拿得起放得下，把它抛开。其次说子贡不受命，怎么不受命？就是孔子希望他专门致力于学问道德，子贡并非完全不接受，可他对生活方式的选择截然不同，他去做生意了。子贡不但是工商界的杰出人才，对外交、经济也是样样精通。孔子后半生的生活，还多半依靠他维持。

11.20

子张问善人之道。子曰："不践迹，亦不入于室。"

今译

一、子张请教做善人的道理。孔子说："如果不循着前贤的脚步去做，也不会进入圣人的境界。"

二、子张问怎样成为善人。孔子说，不循旧迹，有所创造，但还没入于圣人之室。

解读

一、孔子没有直接告诉子张怎样成为善人，而是说如果是善人，应当追随先贤，使自己升堂入室，达到圣德的境界。

二、在孔子的话语中，善人层次较高，"善人"是大好人，与"仁人"处于同一层次，但不是最高的，比起圣人还差一些。善人不同凡俗，不随大流，但还不是最高境界。

11.21

子曰："论笃是与，君子者乎？色庄者乎？"

今译

一、孔子说："应当称赞言论笃实的人，但要考察他是真正的君子，还是只是外表庄重的人。"

二、孔子说："对于言辞诚恳的人应该予以赞许，但要分辨他是真君子，还是表面上装得很老实。"

一、有些人内心与外表一致，有些人则善于伪装。我们常常被那些貌似忠厚的人欺骗，因而不能以貌取人。当年有个叫子羽的年轻人向孔子求教，孔子因他相貌丑陋而拒绝。后来子羽自学有成，帮助子由有出色的表现。孔子从此格外留意，不再以貌取人。这番话，应该是孔子提醒弟子们不要看错人的语重心长的教诲。

二、我们应当提高警惕，因为很多人喜欢凭借第一印象来评判人，我们最好注意自身形象，给人良好的第一印象。

11.22

子路问："闻斯行诸？"子曰："有父兄在，知之何其闻斯行之？"冉有问："闻斯行诸？"子曰："闻斯行之。"公西华曰："由也问闻斯行诸，子曰，'有父兄在'；求也问闻斯行诸，子曰，'闻斯行之'。赤也惑，敢问。"子曰："求也退，故进之；由也兼人，故退之。"

一、子路问："听到好的道理，就要立刻去做吗？"孔子说："还有父兄在，怎么能听到就去做呢？"冉有问："听到了好的道理就去做吗？"孔子说："听到了，就去做。"公西华问："子路问听到好的道理就去做吗，您回答说还有父兄在；冉有问听到好的道理就去做吗，您回答说听到了就去做。我感到困惑，斗胆请问老师为什么有不同的回答。"孔子说："冉求做事畏缩不前，所以我鼓励他进取；子路好勇过人，所以我让他退让些。"

二、子路问，听说这种冒险的事就要行动起来吗？孔子说，有父兄在不可以。冉有问同样的问题，回答却不一样。公西华感到困惑，问孔子为什么有这种不同。孔子说，这是因为，冉求胆小，爱往后缩，所以要推他一把；仲由胆大，爱往前冲，所以要拽他一把。

解读

一、因材施教，针对不同的弟子，根据他们不同的缺点，给予不同的教导。子路率直，遇事不谦让，又逞强好胜，有时显得莽撞，所以孔子用父兄尚在来压制，使他不要过于急躁；冉求的个性稍显软弱，至少不够勇敢，所以孔子告诉他应该即知即行，促使他勇往直前。

二、父母健在，不能以性命相许。父母不在时，应当衡量自身情况，做出合理的打算。既不懦弱，也不鲁莽。凡事尽力而为，不应过分勉强。韩愈，字退之，就是取名于此。

11.23

子畏于匡，颜渊后。子曰："吾以女为死矣。"曰："子在，回何敢死？"

今译

一、孔子在匡地被围困，颜渊最后才赶到。孔子说："我以为你已经死了！"颜渊说："您还活着，我怎敢轻易拼死呢？"

二、孔子在匡地遭遇囚禁之后，颜渊最后才来。孔子说："我以为你死了。"颜渊说："您还活着，我怎么敢死呢？"

解读

一、这是公元前496年孔子周游列国期间发生的事。孔子被匡人误认为是阳虎而遭遇危难。当时他虽然对上天深具信心，却不免为弟子的安危担忧。当颜渊最后赶到时，孔子发出这样的感慨，展现出师徒间深厚的情谊。颜渊俏皮的回答，更增添了轻松的氛围。

二、思念心爱的弟子，是老师的真情。学生心中有老师，如同儿子心

中有父亲，不敢轻言牺牲，也是真情的表现。师徒如父子，这种情谊十分
难得，并非所有师生都能做到。当然，孔子也并非对每个弟子都如此。颜
渊能得到这样的待遇，实在是一种殊荣。

11.24

季子然问："仲由、冉求可谓大臣与？"子曰："吾以子为异之问，
曾由与求之问。所谓大臣者，以道事君，不可则止。今由与求也，可
谓具臣矣。"曰："然则从之者与？"子曰："弑父与君，亦不从也。"

今译

一、季子然问："子路、冉求，可以称得上是大臣吗？"孔子回答说：
"我以为你要问什么人，原来是问子路和冉求。所谓大臣，是要用正道来
侍奉国君，国君若不能接受，就应该辞官不做。现在子路和冉求，只能算
是具备做臣属的条件罢了。"季子然又问："那么他们会完全听从季氏吗？"
孔子回答说："弑父弑君的事，他们也不会听从的。"

二、季子然问孔子，让子路和冉求两个人出来做事，是否够得上做国
家的大臣？孔子对季氏没有好感，故意说："我还以为你问什么奇怪的问题
呢！原来是问他们两个呀！我告诉你，真正的大臣是以道事君，如果不合
于道，宁愿辞官不干。他们俩只能算'具臣'，即办事干练的臣子。"言下
之意，还够不上"大臣"。季子然又问："那他们对季氏就言听计从了吗？"
孔子说："杀父弑君，他们也不会照办。"

解读

一、子路和冉求都有政事之才，并先后担任季氏的家臣。孔子对他们
的评价是，两人都有才干，在大是大非的问题上也有原则。

二、"大臣"与"具臣"的区别在于：真正的大臣是"以道事君，不

可则止"。自己有理想、有主义，辅助一位君主，使君主朝着理想的标准、理想的主义、仁道的思想迈进。假如君主不听这种意见，宁可放弃，不肯继续干下去。这是"大臣"为行道而来的风格，不是为地位、功名富贵、做官待遇而来的。"具臣"是怎样的？如果请他做事，他绝对忠实，绝对尽心。要说绝对服从，这服从是有限度的。如果让他做背叛道义、国家、社会大众的事，那他们是不会干的。虽然只能算是"具臣"，但也要有才能并且忠贞高节。大臣和具臣之间，说实在的，很难有一个严格的界限。

11.25

子路使子羔为费宰。子曰："贼夫人之子。"子路曰："有民人焉，有社稷焉，何必读书，然后为学？"子曰："是故恶夫佞者。"

论语别解

今译

一、子路为季氏家臣，派子羔去担任费县的地方长官。孔子说："你这是害了人家的儿子！"子路说："那里有民众和社稷可以学习，何必读书之后才算是做学问呢？"孔子说："所以我最讨厌巧言逞强的人。"

二、子路在同学中推荐子羔去费这个地方做地方首长，被孔子大骂，简直不是人，你这个小子！子路自然也辩解："既然有群众，也有地方可以施展抱负，何必要死读书才出去做事呢？"孔子说："所以我才讨厌油嘴滑舌的人。"

解读

一、古人说"学而优则仕"，并不是说学问做得扎实，就应该去做官，而是主张先把学问做好，有了充分的准备才去做官，以免使民众受害。从实践中学习，固然是一种方式，但是基本的学识和品德尚未完成，就算在实务中学习也相当危险。因为选择、判断的能力不足，很容易造成错误。

二、子夏说"仕而优则学，学而优则仕"。仕，即出来从政，其基础是必须先打好学问的根基；在从政期间，也应不断汲取新的学问与知识。这两句话相辅相成，不可偏废。然而，我们平常引用时，往往只提及"学而优则仕"这一句。当然，也有人持反对观点，他们认为工作经验同样可以孕育学问，甚至整套的四书五经也不过是从经验中提炼而出，之后才被称为"学问"。那么我们为何要读书呢？读书是为了汲取前人的经验，但很多人却抱有子路的观点——"有民人焉，有社稷焉，何必读书，然后为学？"他们主张实践出真知，先做了再说。因此，有些人认为无需惧怕犯错，错了再改即可。然而，这种观点存在问题。对于个人或小事来说，这或许可行，但在面对社会国家、天下大事时，我们就必须格外慎重了。因为一旦出错，其影响将十分深远。这正是读历史、追求学问的重要性所在。当然，我们所说的学问并非死读书本，而是将经验与书本知识相结合的真正学问，其重要性不言而喻。

11.26

子路、曾皙、冉有、公西华侍坐。子曰："以吾一日长乎尔，毋吾以也。居则曰：'不吾知也！'如或知尔，则何以哉？"子路率尔而对曰："千乘之国，摄乎大国之间，加之以师旅，因之以饥馑；由也为之，比及三年，可使有勇，且知方也。"夫子哂之。"求！尔何如？"对曰："方六七十，如五六十，求也为之，比及三年，可使足民。如其礼乐，以俟君子。""赤！尔何如？"对曰："非曰能之，愿学焉。宗庙之事，如会同，端章甫，愿为小相焉。""点！尔何如？"鼓瑟希，铿尔，舍瑟而作，对曰："异乎三子者之撰。"子曰："何伤乎？亦各言其志也。"曰："暮春者，春服既成。冠者五六人，童子六七人，浴乎沂，风乎舞雩，咏而归。"夫子喟然叹曰："吾与点也！"三子者出，曾皙后。曾皙曰："夫三子者之言何如？"子曰：

"亦各言其志也已矣。"曰："夫子何哂由也？"曰："为国以礼，其言不让，是故哂之。""唯求则非邦也与？""安见方六七十如五六十而非邦也者？""唯赤则非邦也与？""宗庙会同，非诸侯而何？赤也为之小，孰能为之大？"

一、子路、曾皙、冉有、公西华四人陪侍孔子坐着。孔子说："不必因为我比你们年长就感到拘束不安。平时你们常说：'没人知道我！'如果有人了解你们，任用你们，那么你们会怎么治理呢？"子路马上抢着回答："假如有个千乘之国，被大国所胁迫，外面有军队来侵扰，国内又闹饥荒。让我来治理这个国家，只要三年，我可以使百姓有勇气，也懂得一些大道理。"孔子听了，微笑地看着他。"冉求，你呢？"冉求回答："假如有六七十里，或再小一点儿，五六十里的小国，让我治理，只要三年，我可以使百姓富足。至于修明礼乐，那要等待有才德的人来做了。""公西华，你呢？"公西华回答："我不敢说我能行，但是我很愿意学着去做。像宗庙里的祭祀、诸侯相会时，我愿穿着礼服，戴着礼帽，在那里当个小司仪。""曾点，你呢？"曾皙正在弹瑟，听得老师叫他，便停止弹瑟，随即"铿"的一声，推开瑟站了起来，回答说："我和他们三位的抱负不同。"孔子说："那有什么关系呢？只是各人说说自己的志愿罢了！"曾皙说："农历三月，穿上春天的衣服，邀五六个朋友，带着六七个小孩儿到沂水边玩玩水，再到舞雩那儿兜兜风，然后唱着歌回来。"孔子叹声说道："我赞同曾点的主张！"三个弟子都走了，曾皙留在后面。曾皙问："他们三位说得怎么样？"孔子说："不过是各人说出自己的志愿罢了。"曾皙问："那么老师为什么笑仲由呢？"孔子说："治国要以礼，他讲话没有一点儿礼让，所以笑他。""那么冉求所说的，好像不是治理一个国家啊？"孔子说："怎见得六七十里或五六十里的土地，就不是一个国家呢？""公西赤所说的，也不像治理一个国家呀？"孔子说："宗庙祭祀、诸侯会见这些事，不是诸侯的事是什么？公西赤只愿意做个小相，那又有谁能做大相呢？"

二、孔子和学生谈话。孔子说："我比你们虚长几岁，大家千万别当回事，在我面前不要不敢说话。平常你们老说，你们的才能别人没发现。假如真的有人看中了你们，请你们做官，你们打算干点什么呢？"子路第一个发言，他脱口就说："我志在治理大国，而且最好是夹处于大国之间，既有强敌压境，又有饥荒困扰，三年之内，教民习战，使他们勇敢，知道怎么对付敌人。"孔子听了，嘲笑他。又问："冉求！你怎么样？"答道："国土纵横各六七十里或五六十里的小国家，我去治理，等到三年光景，可以使人人富足。至于修明礼乐，那只有等待贤人君子了。"又问："公西赤！你怎么样？"答道："不是说我已经很有本领了，我愿意这样学习。祭祀的工作或者同外国盟会，我愿意穿着礼服，戴着礼帽，做一个小司仪。"又问："曾点！你怎么样？"曾点弹瑟正近尾声，"铿"的一声把瑟放下，站了起来答道："我的志向和他们三位不同。"孔子说："那有什么妨碍呢？正是要各人说出自己的志向啊！"曾皙便道："暮春三月，春天衣服都穿定了，我陪同五六位成年人，六七个小孩，在沂水旁边洗洗澡，在舞雩台上吹吹风，一路唱歌，一路走回来。"孔子长叹一声说："我同意曾点的主张呀！"子路、冉有、公西华三人都出来了，曾皙后走。曾皙问道："那三位同学的话怎样？"孔子说："也不过各人说说自己的志向罢了。"曾皙又道："您为什么对仲由微笑呢？"孔子说："治理国家应该讲求礼让，可是他的话一点都不谦虚，所以笑笑他。""难道冉求所讲的就不是国家吗？"孔子说："怎样见得纵横各六七十里或者五六十里的土地就不够是一个国家呢？""公西赤所讲的不是国家吗？"孔子说："有宗庙，有国际间的盟会，不是国家是什么？如果他只做一个小司仪，又有谁来做大司仪呢？"

解读

一、子路的骄傲自满，让孔子颇为担忧。但又不方便直接说明，所以只是微笑而不回答。冉求和公西华相对懂得谦逊，但在气象上确实不如曾点。治理国家，如果一直忙碌不堪，表示工作还未完成，百姓仍有许多问题。如果无需操心，也无须担心，表示诸事大多顺利，人民生活安乐，这自然是治理得最有成效的体现。孔子无为而治的理想，似乎只有曾点能做到，因此特别赞赏他。

二、这段话非常有意思。首先，孔子询问大家时，按照古代的礼貌，回答者应该左右看看，确认是否有人发言。但子路"率尔而对"，毫无顾忌，脱口而出，显得非常冲动。孔子微微一笑，露出嘲讽之意，学生们都看在眼里，所以接下来的回答一个比一个谦虚，从治理大国到小国，再从小国到只担任小官，最后甚至表示什么官也不想做。其次，子路关注的是"不挨打"，这属于"强兵"之策，是最大的硬道理；冉有则关注的是"不挨饿"，这属于"富国"之策，同样是硬道理。但他们都没有提及"礼"。公西华则讲到了"礼"，而且这是富裕之后才会讲究的"礼"。古人说："仓库充实了，百姓就懂得礼节了；衣食充足了，百姓就知道荣辱了。"（《管子·牧民》）解决温饱问题后，才能谈及礼节。道德文明建设是软道理，而曾皙所关注的更是享受生活：享受和平、富裕和文明。这些都是建立在前三者基础之上的：和平依赖于子路的志向，富裕依赖于冉有的志向，文明则依赖于公西华的志向。没有和平、富裕和文明，曾皙就无法逍遥自在。曾皙的回答本是随口一说，但孔子听后却有了别的想法。他将四位学生的志向视为相互补充。他欣赏曾皙的志向，主要是因为前三者讲述的治国理念，最终要落实到个人的幸福上，这是目标性的追求。但他对曾皙的欣赏，并不意味着否定子路等人，因为过程同样重要。他嘲笑子路不够谦虚，但对冉有和公西华也有所保留。因为无论他们如何谦虚，都是以治国安邦为己任。大国小国都是国家，大官小官都是官职，过分谦虚或不谦虚都无法改变这一事实。曾皙之所以询问孔子是因为他不明白孔子为何赞扬他。实际上他们每个人都只是看到了问题的一个方面，都有对也有错。过去朱熹认为这一章是赞扬曾皙而贬低子路、冉有、公西华，因此把曾皙说得神乎其神。然而晚年他对此感到后悔，认为这为后世学者留下了病根（明杨慎《丹铅录》）。但清代学者张履祥认为四子的志向实际上讲述了治道的先后顺序（《备忘录》），这一观点值得注意。尽管李泽厚认为这一想法"非常牵强但有意思"，李零教授却觉得张履祥的说法不仅有意思，而且很有道理，因此他在此基础上做了进一步的阐述。

颜渊第十二

12.1

颜渊问仁。子曰："克己复礼为仁。一日克己复礼，天下归仁焉。为仁由己，而由人乎哉？"颜渊曰："请问其目。"子曰："非礼勿视，非礼勿听，非礼勿言，非礼勿动。"颜渊曰："回虽不敏，请事斯语矣！"

今译

一、颜渊请教仁德。孔子说："克制自己的私欲，践行礼节就是仁德。只要有一天能够做到这样，天下的人都会称赞你是仁者。践行仁德，依靠自己下功夫，难道还要依靠别人吗？"颜渊说："请问实践的条目是什么？"孔子说："不合礼的事不看，不合礼的话不听，不合礼的话不说，不合礼的事不做。"颜渊说："我颜回虽然不聪明，但愿意按照这些话去做。"

二、颜渊问仁德。孔子说："克制自己，回归于礼，一切依照礼的规定行事，就是仁。一旦这样做了，天下的人都会称许你是仁人。实践仁德，全凭自己，难道还凭别人吗？"颜渊说："请问行动的纲领。"孔子说："不合礼的事不看，不合礼的话不听，不合礼的话不说，不合礼的事不做。"颜渊说："我虽然迟钝，也要践行您这话。"

解读

一、"仁"是孔子的重要概念。颜渊问仁，孔子的答案是"克己复礼为仁"。颜渊问"克己复礼"有什么具体要求，孔子说"非礼勿视，非礼勿听，非礼勿言，非礼勿动"。

上博楚简《君子为礼》有类似的话，简文说，孔子讲"君子为礼，以依于仁"，礼要符合仁。颜渊一听，起身就走，说自己太笨，恐怕不能陪孔子坐着了。孔子不让他走，拉他再坐下，继续告诫他，说凡是不符合"义"的，要勿言、勿视、勿听、勿动。颜渊回屋就躲起来了。有人问他，他说是的，自己就是消极，因为亲耳听到老师的教导，不能不当回事：照老师说的做，自己做不到；不照老师说的做，又不行，只好消极对待。孔子的教导，颜渊都做不到，别人又能怎么办？这是黑色幽默。

二、仁者爱人。要爱人，必须先自爱，使自己守法守分，然后才有资格说爱人。否则满口爱人，却经常伤害他人，令人厌恶、怨恨。男女两性之间的非礼，大家似乎颇为警觉。最好能够扩大范围，在看、听、说、做等方面，都不能非礼。

12.2

仲弓问仁。子曰："出门如见大宾，使民如承大祭。己所不欲，勿施于人。在邦无怨，在家无怨。"仲弓曰："雍虽不敏，请事斯语矣。"

今译

一、仲弓请教仁德。孔子说："出门就像要会见贵宾一样，役使百姓就像承担重大的祭祀一样。自己不喜欢的事物，不要施加给别人。这样在诸侯的邦国任职，没有人怨恨；在卿、大夫的家里工作，也没有人怨恨。"仲弓说："冉雍虽然鲁纯，愿意照着这些话去做。"

二、仲弓问仁德。孔子说："出门（工作）好像去接待贵宾，役使百姓好像去承担大祀典，（都得严肃认真，小心谨慎。）自己所不喜欢的事，就不强加于别人。在工作岗位上不对工作有怨恨，不在工作岗位上也没有怨恨。"仲弓说："我虽然迟钝，也要实行您这话。"

解读

一、"己所不欲，勿施于人"，这句话也见于《卫灵公》。子贡问："有一言而可以终身行之乎？"孔子说："其恕乎！己所不欲，勿施于人。"仲弓问仁，孔子答恕，好像答非所问，其实不然。仁、恕是同一概念的两个侧面。仁的本义是把人当人，恕的本义是将心比心，我不能把自己不乐意的事强加给别人，反过来也一样。说它是恕，可以；说它是仁，也可以。

二、恕道的关键在于尊重别人。自己不喜欢做的事情，不要强迫别人做。

中国传统，一向讲究的是"礼闻来学，不闻往教"（《礼记·曲礼上》）。

12.3

司马牛问仁。子曰："仁者，其言也讱。"曰："其言也讱，斯谓之仁已乎？"子曰："为之难，言之得无讱乎？"

今译

一、司马牛请教仁德。孔子说："仁者说话常常有所忍耐，而不轻易出口。"司马牛反问："说话有所忍耐而不轻易出口，这就算是仁了吗？"孔子说："做起来既然很难，说的时候又怎能不忍耐而随便说出口呢？"

二、司马牛向孔子请教仁。孔子说："真正的仁者讲话总是非常谨慎，不会轻易脱口而出。"司马牛问："光做到不随便说话就能称为仁了吗？"孔子说："做起来都难，说起来能不谨慎点吗？"

解读

一、孔子的说话艺术非常值得我们深入研究。颜渊、仲弓、司马牛三人都向孔子询问了关于仁的问题，但孔子给出的答案却各不相同，都是针对性的回答。这正是孔子与其弟子之间对话的典型方式。孔子在回答问题时，从未给出过标准答案，这就像中医看病一样，因人而异，对症下药。他的回答通常不具有周延的逻辑性，也不下明确定义。当司马牛问仁时，

论语别解

孔子简洁地回答说要谨言慎行。然而，司马牛没有领悟老师的深意，反问道，仅仅管住嘴就能达到仁的境界吗？孔子并没有直接回答他，而是继续强调谨慎言行的重要性。这就是他启发式教学的特点，总是通过暗示来引导学生自己领悟。

二、孔子强调仁人必须言行一致。为了确保言出必行，最好的办法就是谨慎言行，不要轻易做出承诺或发表言论。那些轻易做出承诺的人，往往信用不足，这一点我们应该引以为戒。

12.4

司马牛问君子。子曰："君子不忧不惧。"曰："不忧不惧，斯谓之君子已乎？"子曰："内省不疚，夫何忧何惧？"

今译

一、司马牛请问怎样才算是君子。孔子说："君子不忧愁，不害怕。"司马牛再问："不忧愁，不害怕，这样就算是君子吗？"孔子说："自我反省而没有愧疚，那有什么可忧愁、可害怕的呢？"

二、司马牛向孔子请教说："什么是君子？"孔子说："君子就是不发愁，也不害怕。"司马牛又问："不发愁，不害怕，就可以叫君子吗？"孔子还是不正面回答，只说："如果一个人反躬自省，问心无愧，他还愁什么，怕什么？"

解读

一、人生最理想的状态，应当是心安理得。心若不安，就会忧愁、害怕。我们常说坐立不安，那实在是很难受的。要达到心安理得，最可靠的方法，莫过于时常反省，努力自我改进。

二、不忧不惧，代表内心安宁，不必忧愁，也不必恐惧。最好的办法是谨言慎行，使自己无所忧惧。倘若明明有忧有惧，却视而不见，或者避而不谈，甚至置之不理，那就是表面若无其事，实则内心很不安宁。这种虚伪不实的表现，不是君子所应该做的。能够内省不疚，做到不忧不惧，才是君子。

12.5

司马牛忧曰："人皆有兄弟，我独亡。"子夏曰："商闻之矣：'死生有命，富贵在天。君子敬而无失，与人恭而有礼。四海之内，皆兄弟也——君子何患乎无兄弟也？'"

今译

一、司马牛忧愁地对子夏说："人家都有好兄弟，唯独我没有。"子夏说："我曾听说，死生命中有定，富贵由天安排。君子做事敬慎就不会有差错，对人恭敬有礼，天下的人都可以做你的兄弟。君子何必忧虑没有好兄弟呢？"

二、司马牛忧虑地说："人都有兄弟，我却没有。"子夏对他说："我听说过，死生听之命运，富贵由天安排。君子对待工作严肃认真，不出差错，对待别人言辞恭谨，合乎礼节，天下之大，到处都是好兄弟。君子又何必着急没有好兄弟呢？"

解读

一、兄弟和朋友的不同，在于有无血缘关系。实际上，有的朋友，除了亲情之外，在很多方面都和兄弟无异。而有的兄弟，除了亲情之外，在很多方面还不如朋友。一个人最重要的，是自我修养，提高自己的品德。不但兄弟（姐妹）相亲相爱，朋友也都志同道合。这时兄弟和朋友同样亲密，彼此互助，当然不必忧虑没有好兄弟了。

二、其实，"商闻之矣"以下七句，除最后一句是子夏的话，其余全是孔子的话。"死生有命，富贵在天"，我们一生的努力，不在于证明我们的寿命长短、富贵多少。如果自己不努力，就算有天命，恐怕也不会实现。有没有好兄弟，有多少好朋友，都是天命，也都由我们自己去实现。

12.6

子张问明。子曰："浸润之谮，肤受之愬，不行焉，可谓明也已矣。浸润之谮，肤受之愬，不行焉，可谓远也已矣。"

今译

一、子张向孔子请教何为明察。孔子回答说："像水逐渐渗透那样的谗言，像切肤之痛那般急迫的诬告，在他面前都无法得逞，这样的人可以称得上是明察了。同样，这些谗言和诬告在他面前行不通，也可算是见识深远了。"

二、子张问怎样才叫作明白事理。孔子说："日积月累、点滴而来的谗言，切身急迫的诬告，在你这里都行不通，那你可以说是看得清楚明白了。日积月累、点滴而来的谗言，切身急迫的诬告，在你这里都行不通，那你可以说是有远见卓识了。"

解读

一、这里说的是如何对付小人。子张问明，孔子却回答明和远。"明"，是指能看清小人；"远"，是指能远离小人。小人的手段是谗言和诬告。谣言的特点是在暗中进行，悄悄、慢慢地靠近你、包围你，让你难以摆脱。君子应当从一开始就看清，并迅速摆脱诽谤的包围，不让小人得逞。

二、传播谣言，有时出于恶意，有时出于无意。但所造成的伤害是相同的。所以用心明察，不传播不实信息非常重要。现代通信发达，传播速度惊人，培养高度的警觉性和明辨是非的能力，对每个人来说都很关键。

颜渊第十二

12.7

子贡问政。子曰:"足食,足兵,民信之矣。"子贡曰:"必不得已
而去,于斯三者何先?"曰:"去兵。"子贡曰:"必不得已而去,于斯
二者何先?"曰:"去食。自古皆有死,民无信不立。"

今译

一、子贡请教如何治理政事。孔子说:"粮食充足,军备充足,民众
信任政府。"子贡说:"如果迫不得已要在这三项中舍去一项,先舍去哪一
项?"孔子说:"舍去军备。"子贡说:"如果迫不得已要在剩下的两项中舍
去一项,先舍去哪一项?"孔子说:"舍去粮食。自古以来人都难免一死。
民众如果不信任政府,国家的威信就建立不起来。"

二、子贡问怎样治理国家政事。孔子说:"使粮食充足,使军备充足,
让民众信任政府。"子贡说:"如果迫不得已,在粮食、军备和取得民众信
任这三者之中一定要舍弃一项,先舍弃哪一项?"孔子说:"舍弃军备。"
子贡说:"如果迫不得已,在粮食和民众信任两者之中一定要舍弃一项,舍
弃哪一项?"孔子说:"舍弃粮食。(没有粮食,不过死亡,但)自古以来
谁都免不了死亡。如果民众对政府缺乏信任,国家是无法站稳脚跟的。"

论语别解

解读

一、以诚信立国,而非以强大的军备立国,这是王道和霸道的主要区
别。唯有民众真心爱戴和支持,才是真正的强国。

二、在孔子看来,"去兵"可能被杀,"去食"会饿死,但如果不能取
信于民,即便有武器、有饭吃,也无法维持统治。

12.8

棘子成曰："君子质而已矣，何以文为？" 子贡曰："惜乎，夫子之说君子也。驷不及舌。文犹质也，质犹文也。虎豹之鞟犹犬羊之鞟。"

今译

一、棘子成说："君子只要有良好的本质就够了，何必要用礼乐的文采来修饰呢？" 子贡说："可惜啊，先生您这样谈论君子！话已说出，四匹马驾的快车也追不回来。文采如同本质，本质如同文采。虎豹的皮革，和犬羊的皮革，如果去掉毛，看起来就没什么区别了。"

二、棘子成说："君子有质就够了，何必还要文呢？" 子贡批评棘子成说："您这样讲君子，太可惜了！这真是一言既出，驷马难追。文和质同等重要，如果没有文，只有质，那就像虎豹之皮和犬羊之皮，把毛去掉，二者难以区分。"

解读

一、质，指的是内在的本质；而文，则是外在的修饰。在孔子的观念中，对于君子而言，文与质都是不可或缺的。它们相辅相成，如孔子所言："质胜文则野，文胜质则史。文质彬彬，然后君子。"（《雍也》）人类有时被称为裸猿，因为我们的毛发相对较短，几乎可以说是有皮无毛，这最能体现质的特点。然而，我们穿着衣戴着冠，甚至发明了各式各样的时装，使得我们在文的方面远超其他生物。这些时装，便是我们的文。

二、外在的表现和内在的实质，最好是能够紧密相连、和谐一致的。佛需要金装来显现其庄严，人同样需要适当的衣装来展现自己的风采。这就是表里如一的重要性。只有当外在和内在完美融合时，我们才能称得上是真正的彬彬君子。

12.9

哀公问于有若曰："年饥，用不足，如之何？"有若对曰："盍彻乎？"曰："二，吾犹不足，如之何其彻也？"对曰："百姓足，君孰与不足？百姓不足，君孰与足？"

今译

一、鲁哀公问有若："年成歉收，国家用度不足，该怎么办呢？"有若回答："为什么不实行十分抽一的税制呢？"哀公说："十分抽二的税，我都还不够用，怎么能实行十分抽一呢？"有若回答："百姓富足了，国君怎么会不富足？百姓不富足，国君又怎么能富足？"

二、鲁哀公问有若："年成不好闹饥荒，粮食不够吃怎么办？"有若说："您何不用彻法来收取粮食税？"哀公说："抽十分之二的税，我还嫌不够，您怎么还叫我用彻法，只抽十分之一的税？"有若回答说："您少抽税，百姓的粮食就多，百姓粮食多，您还愁不够吗？百姓不够吃，您就是有再多的粮食，又怎么能说够？"

解读

一、财政和经济不同，前者量出而入，后者量入而出。政府的财政可以预先制定计划，看看需要支出多少，再来寻找财源。这时候税收的高低，当然是主要的考虑项目。然而农民收成不佳，依法纳粮确有困难，政府就应当调整计划，以求收支平衡。否则不顾民众的生活，失去民众的信心，对政府相当不利。

二、政治的主要功能在于为人民服务。如何藏富于民，使人民安居乐业，发挥节用爱民的精神，十分必要。

12.10

子张问崇德辨惑。子曰："主忠信，徙义，崇德也。爱之欲其生，恶之欲其死。既欲其生，又欲其死，是惑也。"

今译

一、子张请教如何提高品德、明辨疑惑。孔子说："亲近忠信的人，使自己的行为趋向于道义，就是提高道德。喜爱一个人就要他生，讨厌一个人就要他死，既要他生又要他死，这就是疑惑。"

二、子张问怎样提升道德、保持理智。孔子说："坚守忠信，一切依义而动，这就是崇尚道德。一个人爱之深，也恨之切，这就完全丧失了理智。"

解读

一、崇德的意义在于明辨人和禽兽的不同。人有道德，而禽兽没有。有道德才有资格称为人，讲求忠信、主张正义的人，才算是正直的君子。

二、一个人要有正义感，但不能过于强烈，强烈到偏激、不理智的地步，就过分了。一个人的好恶太深，一会儿爱得要命，一会儿恨得要死，这就是"惑"，也就是丧失了理智。

12.12

子曰："片言可以折狱者，其由也与？" 子路无宿诺。

一、孔子说："听信片面之词就能够判决案件的，大概只有子路吧！" 子路承诺别人的事，不会拖延时日。

二、孔子说："听信一面之词就能够断案的，也只有子路才做得到啊！" 子路承诺的事决不拖延。

解读

一、孔子曾担任鲁国的大司寇（前500—前498年），与法律事务有过短暂接触，在断案这件事上，他想到了子路。子路快人快语，性情直爽，断案极为果断，承诺也不拖延。

二、子路天资聪慧，智力过人。由于平日说话很讲信用，以致断案的人，只听取子路的片面言辞，就敢于判决。孔子这番话，并不是称赞子路依据他人的片面之词就判定是非。如果子路真的这样，不询问另一方的意见就加以论断，相信孔子不但不会称赞，反而会责骂他。子路的信用，从他急于兑现诺言，答应别人的事马上就办，可以看得出来。有信用的人，他的片面言辞当然可以合理地相信，否则，片面之词断案就十分危险。

论语别解

156

12.13

子曰："听讼，吾犹人也，必也使无讼乎！"

今译

一、孔子说："审理案件，我和别人一样，但最好能够使民众不要诉讼！"

二、孔子说："听人告状判案，我的能力很一般，和普通人没什么两样，但最好是天下讼息。"

解读

一、现代人认为依法诉讼原本就是正当的行为。律师和法官是良好的职业，一切依法判决，属于正常的运作。而在孔子的时代，连法官都喜欢庭外和解，尽量避免对簿公堂，以免伤害彼此的感情。诉讼是迫不得已的行为，能免则免。

二、天下讼息，是古人幻想的理想世界。孔子向往这种理想，当然不会喜欢打官司，也注定当不了法家。

颜渊第十二

12.16

子曰："君子成人之美，不成人之恶。小人反是。"

今译

一、孔子说："君子成全别人的好事，不成全别人的坏事。小人刚好相反。"

二、孔子说："君子以正面表扬为主，不以负面攻击为主。小人的做法恰好相反。"

解读

一、成人之美是一种成全的美德。不一定需要出钱出力或亲自参与，只要不打击、不攻讦、不抹黑、不曲解，顺势而为，让好事得以顺利完成，便是一件美事。成全具有选择性，不能什么都热心帮忙，变成滥好人。

二、"君子成人之美，不成人之恶"，程树德说，此为古代成语。《谷梁传》隐公元年："《春秋》成人之美，不成人之恶。""成人之美"是以正面表扬为主，"成人之恶"是以负面攻击为主。前者是君子，后者是小人。

12.18

季康子患盗，问于孔子。孔子对曰："苟子之不欲，虽赏之不窃。"

今译

一、季康子为国内盗贼众多而忧心，向孔子请教。孔子回答道："如果您自己不贪求财货，就算您奖赏人们去行窃，他们也不会去做的。"

二、季康子问孔子，强盗土匪如此之多，该如何是好？孔子说，很简单，您所不想要的，赏赐给他人，丢在路上，人家也不会要，更不会去偷、去抢。

解读

一、季康子为盗的问题深感烦恼。什么是盗？中国古代法律，将财产侵犯罪称为"盗"，人身伤害罪称为"贼"。盗包括抢劫、盗窃、绑架等。

孔子说，如果您自己没有那么多欲望，就算您奖励他们去盗，也没人敢盗。上行下效，是自古以来屡见不鲜的事实。领导者有什么偏好，很快就会引起众人的效仿。我们常说无欲则刚，上下都合理节制私欲，便能在各自职位上直道而行，就算有外界不良诱惑，也不会动心。

二、儒家思想始终教导人们过俭朴的生活，走朴实无华的道路。大家都如此，社会就安定，盗窃之事就会减少。如果上位者偏好某一事物，下面的人会跟风得更厉害。因爱好而得不到，于是就去行窃。这里的"窃"是广义的，凡是以损人利己的方法获取都称为"窃"。要想杜绝盗窃，只有改正风气才行。

12.19

季康子问政于孔子曰："如杀无道，以就有道，何如？"孔子对曰："子为政，焉用杀？子欲善而民善矣。君子之德风，小人之德草。草上之风，必偃。"

今译

一、季康子向孔子请教为政之道："如果杀掉无道的坏人，成就有道的善人，怎么样？"孔子回答说："您治理政事，为何要用杀戮呢？您想为善，百姓也就会为善了。在位者的品德如同风，百姓的品德如同草，草遇上风，必定会随风倒伏。"

二、季康子问政，说杀掉坏人，亲近好人，怎么样？孔子说，您治理国家，何必依靠杀人呢？您追求善，百姓就会跟着学好，就像风吹草伏，关键在于榜样的力量。

解读

一、采取重罚的政策来威慑民众遵守法规。但仅依靠法治，民众难以培养"尊人卑己"的礼让精神。孔子并非否定法治的重要性，但他深知法治的功效短暂。从长治久安考虑，必须以德治、礼治为主导，而法治只是暂时性的措施。重视教化，鼓励居上位者以身作则，民众上行下效，这仍是主要的治理之道。

二、"君子之德风，小人之德草。草上之风，必偃。"我们中国文字中的"风气"二字，便是由此观念而来。这两句话中的"德"是一个统称，涵盖行为、心理、思想等方面。孔子说君子的品德像风，普通人的品德像草。如果有风吹过，草必然会顺着风的方向倒伏。风的力量越大，草倒伏的程度也越大。因此，一个杰出的政治家领导，应当营造一种风气。假如做一个单位主管，下面仅有三人，同样的，只要主管品德出众，下面的风气自然会好。但在政治上营造一个时代社会的风气并非易事，就如同在军事上形成一种气势，是很不容易的事情。

12.20

子张问："士何如斯可谓之达矣？"子曰："何哉，尔所谓达者？"子张对曰："在邦必闻，在家必闻。"子曰："是闻也，非达也。夫达也者，质直而好义，察言而观色，虑以下人。在邦必达，在家必达。夫闻也者，色取仁而行违，居之不疑。在邦必闻，在家必闻。"

今译

一、子张问："一个士人怎样做才可以称得上通达呢？"孔子说："你所说的通达是什么意思？"子张回答道："在诸侯的邦国一定有名望，在卿大夫家一定有名望。"孔子说："这是有名望，不是通达。所谓通达的人，本质正直，讲求道义，能剖析别人的言语，观察别人的脸色，总是考虑谦退而居于人下。这样的人在邦国内必定通达，在卿大夫家也必定通达。所谓有名望的人，可能只是表面上追求仁德，行为却并非如此，自己还以仁人自居而不加疑惑，这种人在国内一定骗取名望，在卿大夫家也一定骗取名望。"

二、子张问："读书人怎样做才能够叫通达了？"孔子说："你所说的通达是指什么？"子张答道："在国家为官时一定有名望，在大夫家做事时一定有名望。"孔子说："这叫有名望，不叫通达。怎样才是通达呢？品质正直，遇事讲理，善于分析别人的言语，观察别人的神色，在思想上愿意对别人退让。这种人，在国家为官时固然事事行得通，在大夫家做事也一定事事行得通。至于有名望，表面上似乎爱好仁德，实际行动却并非这样，可是自己竟以仁人自居而不知疑惑。这种人，为官的时候一定会骗取名望，居家的时候也一定会骗取名望。"

解读

一、这里的"闻""达"，就是我们平常所说的"不求闻达"中的"闻""达"。"闻"是出名，这里指徒有虚名。"达"是练达，这里指名至实归。子张好名，把"闻""达"混为一谈，以为只要有政声，或以事君出名，或以事卿大夫出名，就是"达"。孔子告诉他，你说的那只是"闻"，并非"达"。"达"是立身端正，内心好义，一言一行都很谦虚，为人行事都很练达。"闻"则属于大奸似忠一类，表面上看很仁义，实际作为正好相反，还以名人自居，自以为是，不以为非。两者是不同的。

二、实至名归，才是安稳的正道。尚未达到一定的程度，就名闻天下，很可能成为一种负担。这时赶紧充实自己，更加小心，更为谦虚礼让，才是预防出丑的有效方法。

12.21

樊迟从游于舞雩之下，曰："敢问崇德，修慝，辨惑。"子曰："善哉问！先事后得，非崇德与？攻其恶，无攻人之恶，非修慝与？一朝之忿，忘其身，以及其亲，非惑与？"

一、樊迟跟随孔子在舞雩台下游览，问道："怎样提高品德、排除恶念、明辨迷惑呢？"孔子说："问得好！只做应该做的事，而不计较报酬，不就是提高品德吗？批评自己的过错，不去指责别人的过错，不就是排除自己的恶念吗？一旦发怒，忘了自身的安危甚至连累父母亲人，这不就是迷惑吗？"（惑，迷惑。）

二、樊迟陪侍孔子在舞雩台下游逛，说道："请问怎样提升自己的品德，怎样消除别人对自己不好的怨恨，怎样辨别出哪种是糊涂事？"孔子答道："问得好！首先付出劳动，然后收获，不就提高品德了吗？批判自己的坏处，不去批判别人的坏处，不就消除了无形的怨恨吗？因为一时的愤怒，便忘记了自己，甚至也忘记了爹娘，不就是糊涂吗？"（惑，糊涂。）

解读

一、崇德、修慝、辨惑是修养心性的主要项目。我们最好以先事后得、不断反省自己、不要小不忍而乱大谋，来互相勉励，以促进改进。

二、人的优缺点总是相伴而生，孔子的谈话都是因材施教。子张正义感强，但趋于偏激，针对这一点，孔子跟他强调，主要是辨惑，即不要好恶过深，失去对人的理智判断。樊迟的优点是求知心切，说干就干，非常勇武，但缺点是性格外向，脾气暴躁，缺乏耐心。孔子针对这点，一是告诉他"先事后得"，即不要急于求成；二是告诉他不要对人心存恶念，最好多反省自己的过错，少计较别人的错误；三是告诉他不要逞一时之忿，随意发脾气。

论语别解

12.22

　　樊迟问仁。子曰："爱人。"问知。子曰："知人。"樊迟未达。子曰："举直错诸枉，能使枉者直。"樊迟退，见子夏曰："乡也吾见于夫子而问知，子曰，'举直错诸枉，能使枉者直'，何谓也？"子夏曰："富哉言乎！舜有天下，选于众，举皋陶，不仁者远矣。汤有天下，选于众，举伊尹，不仁者远矣。"

今译

　　一、樊迟请教仁德。孔子说："爱护众人。"又请教明智，孔子说："能明察人的善恶。"樊迟不明白孔子的意思。孔子说："提拔正直的人置于不正直的人之上，能够使不正直的人也变得正直。"樊迟退出，又去找子夏，说道："先前我在老师那里问怎样才算明智，老师说，提拔正直的人放在不正直的人上面，能使不正直的人变得正直，这是什么道理呢？"子夏说："这话说得很深刻！舜拥有天下，从众人中选用皋为他的臣子，那些不仁的人就远离了。汤拥有天下，从众人中选用伊尹为他的相，那些不仁的人就远离了。"

　　二、樊迟问仁。孔子说："爱人。"又问智。孔子说："善于鉴别人物。"樊迟还不能透彻理解。孔子说："把正直的人提拔出来，位置在邪恶的人之上，能够使邪恶的人变得正直。"樊迟从屋里出来，问子夏说："刚才我向老师请教智，老师说，把直的摆在弯的上面，能把弯的扳成直的，这是什么意思？"子夏说："老师的话含义丰富。舜举皋陶，汤举伊尹，都是从人海中选出来的，他们把好人选出来，不仁者自然远去。"

解读

　　一、"爱人"这两个字，在《论语》中，除了《学而篇》"节用而爱人"之外，只在这一章出现。它和《里仁篇》中"唯仁者能好人能恶人"

的"好人"，意义并不相同。爱人是以所有的人为对象，好人仅指一部分值得喜爱的人。我们可以说应该爱所有的人，却可以喜爱应当喜爱的人。前者是一视同仁的爱，后者则加以价值的判断。

二、"举直错诸枉，能使枉者直"，孔子这番话到底深意何在？樊迟可能疾恶如仇，性格接近子张。孔子想纠正他一下。他讲这番话，是要樊迟明白，知人在于善任，好人被提拔，则坏人会远离。人不要好恶太深，如蝇逐臭，如蚊嗜血，只盯着坏东西，而要尽量发现好东西。只要把好的东西发掘起来，坏的东西就难以成气候。

12.23

子贡问友。子曰："忠告而善道之，不可则止，毋自辱焉。"

今译

一、子贡请教交友的方法。孔子说："尽心地劝告朋友，好好地开导他。如果朋友不接受，就停止劝导，不要自取其辱。"

二、子贡询问交友之道。孔子认为，对朋友要诚恳相劝，劝其向善，如果不听就算了，不要死缠烂打，自讨没趣。

解读

一、朋友和兄弟不同，只有社会关系而没有血缘关系。彼此志同道合，自然很好。倘若志趣不相投，逐渐疏远，以求好聚好散，大可不必恶言相向，淡然相忘即可。然而，既然是朋友，仍需相互劝告、勉励。朋友有过错，必须善加劝导，使其改善。朋友欣然接受，彼此的友谊会更加深厚。如果听不进去，或者心生反感，甚至激烈抗拒，那也不能勉强，最好适可而止，以免反目成仇，或者恼羞成怒，反倒自取其辱。

二、我们常说熟不拘礼，好像熟悉的朋友，可以不讲究礼节。其实不注重形式、省去一些客套是可以的，但在提出忠告时，基本的礼貌还是非常重要。务必让被劝告的人明白，我们尊重他、对他好，才会这样做。

12.24

曾子曰："君子以文会友，以友辅仁。"

今译

一、曾子说："君子以礼乐文章来结交朋友，以朋友来辅助自己培养仁德。"

二、曾子说："君子以文化思想结交志同道合的朋友，目的在于彼此辅助，达到行仁的境界。"

解读

一、君子结交朋友，是为了共同弘扬理想。小人则不同，是为了吃喝玩乐。我们常说的酒肉朋友，便是小人聚在一起，很少从事正当活动，对于进德修业毫无帮助。

二、君子通过文章学问，来结交志同道合之人。大家相互尊重，彼此交流读书心得，借由相互观摩学习，增进各自的仁德修养。曾子所讲的交友之道，表明做人也就是仁的"用"。（"体""用"是中国哲学的一对范畴，指本体和作用。一般认为，"体"是根本、内在、本质的，"用"是"体"的外在表现、表象。）所谓仁就是爱人，也就是人与人之间相处和自处的高度修养，也可以说是做人的艺术。

子路第十三

13.1

子路问政。子曰："先之劳之。"请益，曰："无倦。"

今译

一、子路请教为政的道理。孔子说："率先垂范，不辞辛劳。"子路请求再讲得详细些，孔子说："还要持久不倦。"

二、子路问如何为政，孔子说："为官者要先做出表率，取得百姓信任，然后让百姓努力劳作。"子路请求老师再多说点，孔子说："子路你要一直如此，不要懈怠，有始有终。"

解读

一、"无倦"意为始终如一。理想的政治本就是漫长的实践过程。从政之人若不能始终如一，终将有头无尾而屡生弊端。子路性子急，"新官上任三把火"容易，难的是坚持。孔子如此解答，也是针对子路的个性和能力，同样是因材施教。

二、"先之，劳之"，两个"之"皆指民众。《子张篇》说："君子信而后劳其民，未信则以为厉己也。"意思是：百姓信任，才会为信任的人卖力，心甘情愿；若不信任，只让他们卖力，他们会觉得是在虐待自己。

论语别解

13.2

仲弓为季氏宰，问政。子曰："先有司，赦小过，举贤才。"曰："焉知贤才而举之？"子曰："举尔所知；尔所不知，人其舍诸？"

一、仲弓担任季氏的家臣，请教为政的道理。孔子说："凡事应先让专职的官员去处理，他们有什么过失要加以宽赦，举用有德有能的人。"仲弓再问："怎么知道谁是贤才而举用他呢？"孔子说："举用你所知道的；你不知道的，别人难道会舍弃（不推荐）吗？"

二、仲弓做了季氏的主管，向孔子请教政事。孔子说："给工作人员带头，不计较人家的小错误，提拔优秀人才。"仲弓又问："怎么知道谁有贤才而举用他呢？"孔子说："只要是优秀人才，一个都不能埋没，你应举荐你熟悉的人，也应举荐你不熟悉的人，以及被别人忽略的人。"

一、事必躬亲是主管者常犯的错误。领导者确实需要以身作则，但绝不应事必躬亲。以身作则主要指在品德和工作态度上成为众人的楷模。然而，事必躬亲则是不尊重分工和专职制度的表现，同时也反映出对下属能力和诚信的不信任，这样会使得下属不敢主动承担责任，也无法充分发挥他们的专长。

二、"举尔所知"，即推荐自己熟悉的人，这确实是察举制的一个弊端。现今的评审制度仍旧沿用了察举制的方式。我们的评委们通常都是推荐自己了解的人。他们这样做的理由是：对于不了解的人，如何推荐呢？然而，要全面理解孔子的教导：任何优秀人才都不应被埋没。因此，你既应推荐熟悉的人，也应推荐那些你不太熟悉的人，甚至是那些可能被他人忽视的人才。

子路第十三

13.3

子路曰："卫君待子而为政，子将奚先？"子曰："必也正名乎！"
子路曰："有是哉，子之迂也！奚其正？"子曰："野哉，由也！君子
于其所不知，盖阙如也。名不正，则言不顺；言不顺，则事不成；事
不成，则礼乐不兴；礼乐不兴，则刑罚不中；刑罚不中，则民无所错
手足。故君子名之必可言也，言之必可行也。君子于其言，无所苟而
已矣！"

今译

一、子路说："卫君等着老师去辅助他治国理政，老师将首先做什么
事呢？"孔子说："那必定是先正名分！"子路说："有这必要吗？老师您
太不切实际了！为何要先正名分呢？"孔子说："仲由你太粗野了！君子对
于他所不知道的事，会暂时搁置。要知道名分不正，说话就不能合理；说
话不合理，做事就不能成功；做事不成功，礼乐就不能推行；礼乐不能推
行，刑罚就不得当；刑罚不得当，百姓就不知如何是好。所以君子先定名
分，话才说得出口；话说得出口，事才办得通。君子对于自己所说的话，
是不敢随便苟且的！"

二、孔子到卫国找工作，子路说："卫君正等您为他主事，一旦上任，您
打算先干点什么？"孔子说："如果让我选择，肯定是'正名'。"子路说：
"您真这么想吗？那也太迂腐了吧！干吗非得正名？"公然顶撞老师。孔子
大怒骂他说："你这家伙，也太放肆了！君子对自己不懂的东西，应闭口不
言。"接下来孔子说的话，是他的施政纲领，强调礼乐刑罚必以正名为前提。

解读

一、《颜渊篇》记载"君君、臣臣、父父、子子"，便是正名的要求。
把名分定好，才有是非善恶的判断标准。孔子主张以"正名"为优先的工

作，主要是要求大家名实相符，相当于各就其位，各尽其责，以利分工合作。而且要有考核的具体标准，让大家知道怎样做才合理。子路听不懂孔子的话，可以提出问题继续请教，而不应当面批评老师迂阔不切实际，致使孔子当面给他难堪，指责他鄙俗粗野，果然是自作自受，罪有应得。

二、名不正，言不顺；言不顺，则事不成。直到现代，仍是如此。现代有些人过分注重物质层面，而正名属于精神层面，以致很多人相对不重视。实际上正名的重要性，在现代社会，依然不可忽视。

13.4

樊迟请学稼，子曰："吾不如老农。"请学为圃。曰："吾不如老圃。"樊迟出。子曰："小人哉，樊须也！上好礼，则民莫敢不敬；上好义，则民莫敢不服；上好信，则民莫敢不用情。夫如是，则四方之民襁负其子而至矣，焉用稼？"

今译

一、樊迟向孔子请教种植五谷的方法。孔子回应说："我不如经验丰富的老农夫。"接着，樊迟又询问种植蔬菜的技艺。孔子再次回答："我不如专业的菜农。"樊迟听后默然离开。孔子随后评论道："樊迟真是个眼界狭小的人啊！如果统治者崇尚礼仪，那么民众自然会恭敬顺从；如果统治者秉持正义，那么民众自会心悦诚服；如果统治者讲究诚信，那么民众就会坦诚相待。若能做到这些，各地的民众都会携家带口前来归附，哪里还需要亲自去种五谷呢？"

二、樊迟向孔子学习耕种和园艺，显然是找错了对象。孔子对此感到不悦，因此用"我不如老农"和"我不如老圃"这样的反语来回应。待樊迟离开后，他更是直言不讳地批评樊迟为"小人"，这主要是因为他们的政见不合。樊迟认为，只有亲身耕种，才能实现天下太平。而孔子则认

171

为，只要统治者能够推崇"礼""义""信"，就能赢得民心，耕种之事并不那么重要。

一、孔子在这段话中，并非轻视农夫或农艺，而是强调礼、义、信的重要性超过种植五谷或蔬菜。在古代，从事体力劳动的人被称为"小人"，这并非指他们的品德修养较差，而是与有志于弘扬道德的"士人"相比，他们的社会角色和性质有所不同。孔子在樊迟离开后发表这些言论，并非是在背后说人坏话。他的目的是提醒其他弟子，在求知时要找准对象，同时明确自己的学习重点。

二、毛泽东从小就读《论语》，对这部经典非常熟悉。他对《论语》中的观点既有赞扬也有批评。其中，他对孔子批评樊迟学习耕种和荷蓧丈人"四体不勤，五谷不分"的言论就颇为不满。这种不满主要源于孔子的观点与毛泽东强调与农民紧密联系、自力更生的理念相悖。毛泽东提倡与农民"同吃同住同劳动"，强调"自己动手，丰衣足食"，因此他对孔子轻视农民和农业劳动的观点表示不满。

论语别解

13.5

子曰："诵《诗》三百，授之以政，不达；使于四方，不能专对；虽多，亦奚以为？"

今译

一、孔子说："读了《诗经》三百首，交给他政事，他却不能把政事处理好；派他出使各国，他却不能单独做主应对；读书多，又有什么用处呢？"

二、孔子说，学识修养的基础，要先读诗。读诗读得好且学识渊博，却不一定能把事情做好。所以读诗之后，要交以政事，给予实践的机会。如果学问与行政配合不起来，不能得心应手、通情达理，那就要外放出去，使于四方，让其多积累经验、多加历练，然后再对其进行考察。如果处理事情还是不能专精、深入，那么再培养、训练，也是无用的。这样的人，只能成为书呆子。

解读

一、《诗经》是我国最早的诗歌总集，孔子称其"思无邪"，即发乎情的自由想象，能够合乎礼义的要求，可将其当作教材。古人所吟诵的诗歌，并非无病呻吟，也不是空幻虚构。熟读《诗经》，理应能够灵活运用到真实生活中。若是授以政事，或者使于四方，按理应当通达且应对妥当。如果不能如此，表明读《诗》未能活学活用。即便读得多、背得熟，又有何用？

二、《诗经》可以说是涵盖很多知识的通才之学，诸如虫鱼鸟兽的名称，以及人情风土的知识，都能从诗的内涵中得以了解。培养一个政治人才，必须先使其具备充分学识，成为通才，样样皆通。在古代，知识范围比现在简单，读诗读得好，从政经验不足，就派他到外面多经历人情世故。回来后若仍不是从政的人才，书读再多也无用，这种书呆子，自唐代以后，多半被安排进翰林院。明清两代，进士出身进入翰林院的很多。由此可见，人的才具与学识，未必能够完全匹配。

13.8

子谓卫公子荆，"善居室。始有，曰：'苟合矣。'少有，曰：'苟完矣。'富有，曰：'苟美矣。'"

一、孔子评论卫国大夫公子荆说："他善于治理家业。家中的生活用品刚有一些时，便说：'差不多够用了。'稍又增加一些，便说：'差不多完备了。'富有时，便说：'差不多富丽堂皇了。'"

二、孔子赞美卫公子荆知足常乐，说公子荆善于居家过日子，对生活起居，能凑合就凑合，一点不挑剔。开始刚有点东西，他说，这也凑合了；后来再多一点，他说，这也足够了；最后，东西真的多起来，他说，这也太华丽了。

一、衣、食、住、行，都是辅助我们生活的，差不多够了，就应当知足。把精力和时间用于修养品德，以提升生存的价值，这才是生活的真正意义。

二、刚有一点点，就觉得够了，是很容易满足的人。稍微增加一些，便认为够多了，不能再要求了，是懂得感恩的人。再多一点儿，就很不好意思，连忙说"太好了，不好意思"，是真诚的表现，也是懂得圆融处世的人。

13.14

冉子退朝。子曰："何晏也？"对曰："有政。"子曰："其事也。如有政，虽不吾以，吾其与闻之。"

一、冉有从季氏那里回来。孔子说："为什么今天回来这么晚？"冉有回答："有国家的政务。"孔子说："恐怕是季氏的家事吧！倘若真是国家的政务，即便朝廷不采用我的意见，还是会让我知道的。"

二、孔门弟子在朝为官，有向老师汇报的义务。一次冉有下班晚了，孔子问他为何回来这么晚。冉有说在忙国君的公事。孔子说，你忙的应是季氏家的私事吧！如果真是国君的公事，即便你不告诉我，我也能打听到。

一、"政"和"事"有所不同。杜预注："在君为政，在臣为事。"前者指国事，后者指家事。看来，冉有和季氏商谈了某事，不便透露，没跟老师说实话，孔子因而起了疑心。

二、在一般人面前，国政和家事难以区分，大家难以察觉。然而在孔子面前，冉有一开口，孔子便听得十分明白。分明是家事，怎说成是政务呢？我们常说"真人面前不说假话"，意思是在经验丰富、见多识广的人面前，说话应当更为谨慎，以免露出破绽，而贻笑大方。

13.18

叶公语孔子曰："吾党有直躬者，其父攘羊，而子证之。"孔子曰："吾党之直者异于是：父为子隐，子为父隐。——直在其中矣。"

今译

一、叶公告诉孔子："我乡里有个正直的人，他父亲顺手牵走别人的羊，他出面做证告发。"孔子说："我们乡里正直的人与此不同，父亲替儿子隐瞒过失，儿子替父亲隐瞒过失，这当中就包含了正直的道理。"（直，正直。）

二、叶公跟孔子说："我家乡有个正直的人，他父亲偷羊，被他检举。"孔子说："我家乡也有个正直的人，他和别人不一样，父亲为儿子隐瞒，儿子为父亲隐瞒，直率在其中。"（直，直率。）

一、父亲顺手牵走他人的羊，儿子检举做证，固然是守法的表现。然而这样做，并不合乎人性，有违孝道亲情。孔子认为，父子乃骨肉至亲，即便知晓对方犯了法，也不会直接检举告发，这才是正直之人应有的表现。这种顺手牵羊之事，不能视作小事，但自会有他人出面检举，何苦由自己的骨肉至亲出面呢？

二、孔子这种父为子隐、子为父隐的说法，曾备受指责，认为孔子是亲情至上主义者，重亲情而轻国法。实际上，孔子只是不赞同叶公所说的道德标准与处事方式，并非鼓励人们父为子隐、子为父隐。当亲情与法律产生矛盾时，也要考虑亲情，做出合乎人情义理的举措，而非不近人情地直接告发。"直"的学问颇深，要做到内方外圆并非易事。

13.21

子曰："不得中行而与之，必也狂狷乎！狂者进取，狷者有所不为也。"

论语别解

今译

一、孔子说："找不到言行合乎中道的人交往，那就只能找次一等的狂狷之人了！狂放的人虽好高骛远，但有进取心；狷介的人拘谨保守，但不会做出不合义理的事。"

二、孔子说："倘若不能和秉持中庸之行的人结交，难道只能与狂狷之人为伍吗？狂放的人锐意进取，但行为偏激过分；狷介的人洁身自好，但缩手缩脚，很多事都不敢去做。"

一、自古以来，有志于道且品德高尚之人，实在少之又少。狂狷之士，虽未具备中和的德性，毕竟各有长处，仍是可造就的人才。

二、刘宝楠指出，《孟子·尽心下》对这段话有所解释。孟子说，孔子的意思是，不能与中行之人交，就和狂者交；不能和狂者交，就和狷者交。杨伯峻说，孟子的话，未必符合孔子本意，但可供参考。

13.22

子曰："南人有言曰：'人而无恒，不可以作巫医。'善夫！""不恒其德，或承之羞。"子曰："不占而已矣。"

一、孔子说："南方人有句话说：'人如果没有恒心，不可以当巫医。'这句话说得好！"《易经》恒卦说："人如果没有恒常的德行，羞辱的事也许就会跟着来了！"孔子说："没有恒心的人，不必替他占卜吉凶了。"

二、孔子说："南方人有句话说：'人如果没有恒心，不可以作卜筮。'这话说得好啊！"《易·恒》说："如果没有恒心，就会招致羞辱。"孔子说："不恒的原因没有别的，只不过是没有恒心，自己不再占卜罢了。"

一、占卜是一种预测未来吉凶的方式，有多种不同的方式。有人依据孔子这句话，推断孔子不赞成占卜。有人认为这种推断不太妥当，最好解释为："若是缺乏恒心，何必占卜呢？"

二、孔子特别强调"有恒"，反对荒嬉怠惰，反对半途而废。如《述而》中："子曰：'善人，吾不得见之矣；得见有恒者，斯可矣。亡而为有，虚而为盈，约而为泰，难乎有恒矣。'"他对自己的勉励，对学生的教诲，处处都贯穿着这种精神。

13.23

子曰："君子和而不同，小人同而不和。"

今译

一、孔子说："君子亲和，但不苟且赞同；小人曲从人意，却不能做到中正平和。"

二、孔子说："君子重视和谐胜于平等，小人重视平等胜于和谐。"

解读

一、"和""同"两字的异同，有多种解释：第一，"和"指和谐相处，"同"指勉强求取一致；第二，"和"是以道义相合，"同"是以利害结合；第三，"和"是中正而平和，"同"是表面无意见；第四，"和"指大原则相同，"同"指细节也一样；第五，"和"是异中求同，"同"是只能同不能异。我认为，求同存异，在大原则相同的前提下，彼此尊重，好好商量，才是和而不同的君子。

二、《国语·郑语》引史伯语："夫和实生物，同则不继"，古人认为，相异相反才能产生和谐，完全相同只会产生单调。比如，五音调和乃为律，如果全是一个音符，根本无法入耳。饭菜，也是五味调和才美味，如果天天大鱼大肉，很快就会腻烦。《礼记》中的大同侧重于同，但那是理想。墨子主张尚同，孔子不主张尚同。孔子所讲的礼，追求的是和，而非同。

13.24

子贡问曰："乡人皆好之，何如？"子曰："未可也。""乡人皆恶之，何如？"子曰："未可也；不如乡人之善者好之，其不善者恶之。"

今译

一、子贡问："一乡的人都喜欢他，这人怎么样？"孔子说："还不可以说他是好人。"子贡又问："一乡的人都讨厌他，这人怎么样？"孔子说："也不可以说他是坏人。不如一乡的好人都喜欢他，一乡的坏人都讨厌他，这才一定是真正的好人。"

二、子贡问："满村的人都喜欢他，这个人怎么样？"孔子说："还不行。"子贡接着问道："满村的人都厌恶他，这个人怎么样？"孔子答道："也不行。如果乡里的好人说好，坏人说坏，那倒没准是好人。"

解读

一、大家都认为好的，不一定正确。公众的议论，只能当作重要的参考，不应盲目全盘接受。有时候独排众议，反而可能更加贴切。

二、民主的原则是从众。但群众也是人，不是神。舆论是民意，民意是大杂烩。众口铄金的谣言，千夫所指的毁谤，同样属于舆论。孔子不迷信。民意是政治，不是真理。群众说了算，绝不能滥用。

子路第十三

13.25

子曰："君子易事而难说也。说之不以道，不说也；及其使人也，器之。小人难事而易说也。说之虽不以道，说也；及其使人也，求备焉。"

论语别解

今译

一、孔子说："君子容易侍奉，但难以讨得他的欢心。不以正道讨好他，他就不喜欢；任用人时，能根据人的才能来用人。小人难以侍奉，却容易讨得他的欢心。虽然不以正道来讨好他，他会喜欢；用人时，一定处处苛刻求全。"（说，同"悦"。）

二、孔子说："侍奉君子容易，但要说服他却难，因为讲得不对，他就不敢苟同；他使用下属时，能知人善任。侍奉小人难，但要说服他却容易，因为讲得不好，他也会认同；他使用下属时，总是求全责备。"（说，言说。）

解读

一、君子自重自律，做人做事都规规矩矩，当然不喜欢不走正道的人。存心讨好，会使君子担心害怕，从而提高警觉，反而处处提防。小人不但喜欢讨好别人，也喜欢别人讨好他。想要替他规规矩矩做事，却经常饱受挑剔。只看缺失而不看长处，实在很难相处。

二、"事""使"同源，从古文字材料看，都是从"吏"字分化。下奉上曰"事"，上使下曰"使"。两者相对。两个"说"字，旧注皆读为"悦"，清毛奇龄指出，应该读为言说之说（《论语·稽求篇》）。

13.26

子曰："君子泰而不骄，小人骄而不泰。"

今译

一、孔子说："君子安详舒泰而不会骄傲，小人骄傲而不能安详舒泰。"

二、孔子说："君子自尊，但对人并不傲慢；小人对人傲慢，但没有自尊。"

解读

一、小人实际上也明白骄者必败的道理，只是稍微有点儿成就时，便按捺不住而喜不自胜，不由自主地骄傲起来。

二、古书中，"骄"完全是负面的，但"泰"却不一定。它的本义是大，引申义还有通、宽、安、奢侈等意思，有褒义也有贬义。孔子给"泰"字赋予了新的含义，如大或安，泰是自尊，而非自大，或是泰然自若、自安其处。

子路第十三

13.27

子曰："刚、毅、木、讷近仁。"

今译

一、孔子说："意志刚强，行为果敢，本性朴实，说话谨慎，具有这四种特质的人，已经很接近仁者了！"

二、孔子说："刚强无欲，坚毅不屈，质朴无华，拙于表达，具有这四种特质的人，已经很接近仁者了！"

解读

一、"刚"，刚强，不为欲望所动。在《论语》里，"刚"和"欲"相反，是无欲的结果。如孔子评申枨，说"枨也欲，焉得刚"（《公冶长》）。无欲，凡事求己不求人，则"富贵不能淫，贫贱不能移"。"毅"，坚毅，不肯在任何威胁下低头。"富贵不能淫，贫贱不能移"，是"刚"；"威武不能屈"是"毅"。"木"，是目光呆滞，面无表情，和"令色""色庄"相反。"令色"是装模作样，"色庄"是故作深沉。"讷"，是言语迟钝，拙于表达，和"巧言"相反。"巧言"是花言巧语，能说会道，也叫"佞"（《公冶长》）。这四个字，刚、毅是一对，木、讷是一对，皆可连言。刚毅是褒义词，木讷不同，是贬义词，给人的印象是呆。但孔子讨厌巧言令色（《学而》），喜欢木讷，他用这两个字是夸赞。

二、"仁"，对孔子来说是很高的道德标准。孔子说"刚、毅、木、讷，近仁"，这点不容忽视。要知道，他的得意门生，特别是德行科的学生，气质上，都有点呆头呆脑。孔子说过"巧言令色，鲜矣仁"和"刚、毅、木、讷，近仁"，可以相对地互相照应，意思就更加清楚。

13.28

子路问曰："何如斯可谓之士矣？"子曰："切切偲偲，怡怡如也，可谓士矣。朋友切切偲偲，兄弟怡怡。"

今译

一、子路请问："怎样做才可称为士呢？"孔子说："能够相互切磋勉励，态度和悦，就可称为士了。朋友之间要相互切磋勉励，兄弟之间要和悦相处。"

二、子路问："怎么样才可以叫作'士'了呢？"孔子答道："相互敬重，和和乐乐，可以叫作'士'了。朋友之间要相互敬重，兄弟之间要和和乐乐。"

解读

一、子贡也问过同一个问题。子贡是当外交官的材料，故孔子跟他讲的是"行己有耻，使于四方，不辱君命"。这里的回答不一样。子路脾气不好，孔子想改一改他的脾气，搞好群众关系，所以给他讲的是一团和气。"朋友"，是同学、同事和同僚，属于社会关系。"兄弟"，是同族、同辈，属于血缘关系。朋友相交，最需要相互敬重，互相勉励；兄弟之间，必须相亲相爱，同心同德。能够做到对朋友敬重，对兄弟亲爱，应该有资格称为知书达礼的读书人了。

二、中国古人比较重视敬。爱是感情的，容易产生变化，忽冷忽热，难免影响彼此的心情。敬则是理智的，比较容易持久。敬比爱重要，敬可以包括爱，而爱却不一定包括敬。

13.30

子曰："以不教民战，是谓弃之。"

今译

一、孔子说："用没经过训练的民众作战，就等于是抛弃他们。"
二、孔子说："用未经训练的百姓打仗，等于白白让他们送死。"

一、"以不教民战"，应读"以 / 不教民 / 战"，即用没有经过军事训练的百姓打仗。有训练的士卒，叫"练士""教卒"，没训练的叫"驱众""白徒"。古书引文，有时把"以"字去掉，作"不教民战"，意思就完全变了，成了不教百姓作战。古人有"三时务农而一时讲武"的说法，通常是在冬季农闲的时候，用打猎的方式教民作战。孔子对军事训练很重视，认为用未经训练的百姓打仗，等于白白让他们送死。这样做，是"不仁"。

二、战争对人民生命和国家存亡具有重大影响，因此必须谨慎对待。军人需要接受严格的训练，并充实科学的知识和技能，这样才能在战争中立于不败之地，实现以战止战的目标。如果训练不足，武器落后，那不就等同于让军人白白牺牲，任意抛弃他们吗？孔子主张对待战争要持谨慎态度，因为无论如何，战争都是残酷的事情，必须小心谨慎。执戈保卫国家，原本是人民应尽的义务。军人为了保卫家园而牺牲，这是他们神圣的责任。虽然军人在战场上英勇牺牲是壮烈的，但必须加强他们的训练，确保他们得到充分的准备。

宪问第十四

14.1

宪问耻。子曰:"邦有道,谷;邦无道,谷,耻也。"

今译

一、原宪问什么是可耻的。孔子说:"国家太平时,只知食禄而没有建树;国家混乱时,也只知食禄而不能独善其身,都是可耻的。"

二、原宪问耻,孔子回答:"不论世道好坏,只知道当官拿俸禄,这是可耻的。"

解读

一、孔子的处世哲学强调,在有机会做官时,应积极作为,而非仅仅享受俸禄;在政治环境不佳时,则应保持个人操守,不随波逐流。他认为,无论在何种环境下,都应秉持原则,既不失节,也不消极避世。

二、懂得进退是重要的人生修养。在适当的时机进取,在必要的时候退守,不贪图名利,也不过分留恋权位。政治之外,还有许多有意义的事情值得去做。

14.1

"克、伐、怨、欲不行焉,可以为仁矣?"子曰:"可以为难矣,仁则吾不知也。"

一、原宪又问："能够克制好胜、自夸、怨恨、贪欲这四种毛病，可以算是仁者吗？"孔子说："可以说是难能可贵了，但是否算是仁者，那我可不知道啊！"

二、原宪问仁，说："克服四大毛病：克（好胜）、伐（自吹）、怨（牢骚）、欲（贪心），就可以叫仁了吗？"孔子说："这只能叫难，不能叫仁。"

解读

一、孔子对于仁的描述，有时采取积极的说明，比如"己欲立而立人，己欲达而达人"（《雍也篇》）和"克己复礼"（《颜渊篇》）。有时采用消极的说法，譬如这一番话，表明不克、不伐、不怨、不欲，只能说做到很难，却不能算是仁，要成为仁者，还需要更多的修养。

二、好胜、自夸、怨恨、贪婪，可以说是人的通病。完全不好胜，丝毫不自夸，绝对不怨恨，一定不贪婪，根本不可能做到。我们只要合理地加以克制，也就可以了。

14.2

子曰："士而怀居，不足以为士矣！"

今译

一、孔子说："一个读书人如果贪恋安逸的生活享受，那就不配作为一个读书人！"

二、孔子说："'士'如果'怀居'，认为'好出门不如待在家'，就不配称为'士'了！"

解读

一、孔子的话并非针对特定时代的生活方式或条件，而是强调一种生活态度和原则。他告诫人们不应沉溺于安逸的生活，而应秉持修己安人、立身行道的理想。这种精神是历久弥新的，不受时代变迁的影响。

二、孔子是积极入世的人，他致力于学问和教书育人，都是为了更好地参与社会、服务国家。他提倡人才流动和凭本事找工作，而不是无条件地等待机会。他的这种精神鼓励人们积极进取，不断追求更好的自我。

14.3

子曰："邦有道，危言危行；邦无道，危行言孙。"

今译

一、孔子说："国家太平时，言行可激烈；国家纷乱时，行为要正直，但言语要谦逊。"

二、孔子说："政治清明，言语正直，行为正直；政治黑暗，行为正直，言语谦顺。"

解读

一、孔子固然倡导"知其不可而为之"，却并不主张不知保身而任意牺牲。他在"邦有道"和"邦无道"之间，做过多次提示，便是希望大家注意大环境的不同，来选择自己的原则，决定自己的态度。邦有道时，政治清明，当然可以言行正直，把自己的意见坦率地表达出来。邦无道时，行为依然保持正直，说话的方式却需要更加委婉谦逊，以免遭受祸害。不过，对于国家民族有利的事，仍须勇往直前，不惜牺牲宝贵的性命。这时候"知其不可而为之"的精神，应该积极地加以发扬。

二、古人说，乱世，"直如弦，死道边；曲如钩，反封侯"（《续汉书·五行志》引童谣）。孔子的处世哲学强调在乱世中保持个人的正直和原则，同时也要注重策略和方法。他反对同流合污或消极避世的态度，但也并不主张蛮干或赌气行事。在乱世中，既要坚持正义也要学会保护自己。

14.5

南宫适问于孔子曰："羿善射，奡荡舟，俱不得其死然。禹稷躬稼而有天下。"夫子不答。南宫适出，子曰："君子哉若人！尚德哉若人！"

今译

一、南宫适请问孔子："羿善于射箭，奡能用手推舟前进，好像都不得好死。夏禹、后稷亲自下田耕种，反而得到了天下。"孔子没有回答。南宫适出去后，孔子说："真是个君子啊，这个人！真是个尊崇道德的人啊，这个人！"

二、南宫适问孔子："羿擅长射箭，奡孔武有力，能陆地行舟（在陆地上拖泥撬或冰撬），都没有善终。禹和稷自己下地种田，却得到了天下。（怎样解释这些历史？）"孔子没有答复。南宫适退了出来。孔子说："这个人，好一个君子！这个人，多么尊尚道德！"

解读

一、同样是弟子请教问题，有的问题孔子给予回答，有的问题孔子却沉默不语。因为有些问题不能不答，有些问题可不必回答。南宫适的问题，表面上看，是向老师报告自己的学习心得。深一层想，则显然把孔子譬喻为后稷。孔子心里明白，为了表示谦虚，所以没有回答。

二、南宫适的问题，孔子不回答，等他走了，反而赞美他，夸他是道德高尚的君子。这是为什么？孔子对南宫适的话并不一定完全赞同。南宫适谨小慎微，反对逞强好胜，孔子很欣赏。禹稷是古昔圣贤，他也不反对。但"禹、稷耕稼而有天下"这话，毕竟有点樊迟的味道，孔子不是很赞同。孔子欣赏南宫适的人生态度，所以赞美他，但对他的话又有所保留。因为想要说的话不好讲，所以干脆不说话。

14.7

子曰："爱之，能勿劳乎？忠焉，能勿诲乎？"

今译

一、孔子说："爱护他，能不使他勤劳吗？忠于他，能不教诲他吗？"

二、孔子说："爱人，能不为人尽力吗？为人尽心，能不替人谋虑着想、替人出主意吗？"

解读

一、爱护一个人，就应该帮助他保持勤劳的习惯。忠于一个人，便应该对他的不正当之处，提出合理的劝告。现代社会，由于生活条件改善，以致勤劳的习惯逐渐不为人所重视。少生子女，更是把子女当作宝贝，因而溺爱子女，反而误了子女的一生。部属对于长官，往往存有讨好的心理，事事听话，不敢稍有冒犯。以致决策错误，部属也努力执行，产生更为严重的祸害。

二、"诲"，这里应该不是教诲之义，而是谋虑之义。谋字的古文写法，是从口从母，或从言从母，相当于诲。参看:《学而》"为人谋而不忠乎"。

14.9

或问子产。子曰："惠人也。"问子西。曰："彼哉！彼哉！"问管仲。曰："人也，夺伯氏骈邑三百，饭疏食，没齿无怨言。"

今译

一、有人请问子产是个什么样的人。孔子说："他是个宽厚慈爱的人。"又问子西。孔子说："他呀！他呀！"又问管仲。孔子说："这个人曾经剥夺伯氏骈邑三百户的采地，使伯氏吃粗饭粗菜，可是伯氏到死也没有怨恨的话。"

二、有人问子产是什么样的人，孔子说："他是个施惠于民的人。"又问子西，孔子说："就他呀！就他呀！"又问管仲，孔子说："管仲是仁者，他把伯氏在骈地的食邑统统剥夺，伯氏只好吃粗食，但到死都无怨言。"

解读

一、"人也"的意思，应该是"再怎么伟大，也还是个人"。人，有伟大之处，也有平凡的一面。我们不清楚管仲和伯氏之间的关系究竟如何。只是看到伯氏至没齿而没有怨言，推论管仲这样处置，应该是合理的。

二、"人也"，清朱彬认为，应读"仁也"（《经传考证》）。程树德说，《论语》"人、仁通用，如'井有仁焉''孝弟为仁之本'之类，其例甚多。"以上孔子这段话，重点是讲仁政。他认为，仁政必宽猛相济，不能一味宽。上述三人，孔子的评价，管仲最高，虽猛而不失其仁。子产有惠名，临终遗言，犹知以猛济宽，也还不错。子西两度让政，亦有令名，但他不听叶公之劝，引发白公之乱，最后把命都搭进去了，最差。

14.10

子曰："贫而无怨难；富而无骄易。"

今译

一、孔子说："贫穷而不怨恨，很难；富有而不骄傲，比较容易做到。"

二、孔子说："贫困的人不抱怨，实在难；富有的人不骄横，还相对容易些。"

解读

一、人生有诸多难关，贫困是一大难关。古人说："由俭入奢易，由奢入俭难。"但这个"易"也恰恰隐藏着"难"。贫穷的人往往因为生活的窘迫而急于改变现状，他们对财富的渴望是强烈的。相比之下，富家子弟由于已经拥有了财富，反而更容易看淡钱财；而贫穷的孩子由于长期缺乏财富，要看淡钱财则显得更为困难。

二、贫穷和富有并非完全由人力所能掌控。将其视为无可奈何的命运，更容易获得从容自在的生活乐趣。富贵时骄纵，受害最大的往往是自己的子女。所谓"富不过三代"，和富贵以及骄纵有着极为密切的关系，不可不谨慎预防。

论语别解

14.12

子路问成人。子曰："若臧武仲之知，公绰之不欲，卞庄子之勇，冉求之艺，文之以礼乐，亦可以为成人矣。"曰："今之成人者何必然？见利思义，见危授命，久要不忘平生之言，亦可以为成人矣。"

一、子路问怎样才算是人格完备的人。孔子说："要有臧武仲那样的智慧，孟公绰那样的不贪欲，卞庄子那样的勇敢，冉求那样的技艺，再加以礼乐的修养，也可算是人格完备的人。"接着又说："如今人格完备的人，何必要这样呢？只要能看见利益时想到义理，遇到危难时敢于牺牲性命，与人有旧约而不忘平日许人的诺言，这也可以算是人格完备的人了。"

二、子路问怎样才是全人。孔子说："智慧如臧武仲，清心寡欲如孟公绰，勇敢如卞庄子，多才多艺如冉求，再用礼乐来成就其文采，也可以说是全人了。"子路说："现在人格完备的人何必要这样呢？能够做到见利思义，见危授命，恪守诺言，这也可以算是全人。"

解读

一、"成人"犹如完人。孔子说，具备此四德（有智、不贪、有勇、有艺），再加上礼乐的修养，就可以算"成人"。这是孔子的回答。第二个"曰"字以下，有人认为是孔子的话（"成人"这样高的标准，对子路而言，或许过于严苛，所以孔子退而求其次）。有人认为是子路的话（子路喜欢顶嘴抬杠，他以"今之成人"来修正孔子的标准）。子路的标准，只有三条：一是"见利思义"，这是"不欲"；二是"见危授命"，这是"勇"；三是"久要不忘平生之言"，"要"读"约"，即虽处困境而不改其志，仍恪守诺言。这三条，都符合子路的性格。其中没有"智""艺"，也没有"礼乐"。

二、《颜渊篇》说过："为仁由己，而由人乎哉？"一个人是否修养品德，完全可以自行决定。立下志向，成为健全的人，陶冶高尚的品格，任何人都无法阻挡。不必着急，一步一步来。不能停止，一直向前走。

14.16

子路曰："桓公杀公子纠，召忽死之，管仲不死。"曰："未仁乎？"子曰："桓公九合诸侯，不以兵车，管仲之力也。如其仁！如其仁！"

一、子路问："齐桓公杀了公子纠，召忽自杀殉主，管仲却不肯死。"接着又道："管仲应该不算是有仁德的人吧？"孔子说："齐桓公多次会合诸侯，不凭他的武力，完全是管仲的功劳。这就是管仲的仁德！这就是管仲的仁德！"

二、子路觉得，管仲、召忽共同辅佐公子纠，争政失败后，召忽为节而死，是好样的，管仲活着是耻辱，他恐怕未达"仁"的标准。但孔子不同意，他认为，桓公九合诸侯，是衣裳之会，非兵车之会，这是管仲的功劳，他对尊王攘夷有大功，完全当得起这个"仁"字。

解读

一、管仲和鲍叔牙两人，自幼就是好友。长大后合伙做生意，管仲每次都给自己多分些钱，鲍叔牙知道他家境穷困而不计较。共同商议事情，管仲出的主意大多行不通，鲍叔牙认为是时机不对，并非管仲愚蠢。管仲三次当官，三次都被撤职，鲍叔牙认为是长官不赏识管仲，并非管仲无才。两人的交情十分深厚，历史上称为"管鲍之交"，传为美谈。公子纠失败，召忽殉难，管仲却受囚偷生。鲍叔牙知道他不以小节为耻，待机施展才能，以扬名天下，因而极力向桓公推荐，自己虽有大功，却甘愿位居管仲之下。后来桓公多次召集诸侯，共同抵御外夷侵略，保卫中原文化，完成"尊王攘夷"的大业，可以说完全是管仲的功绩。孔子对人的评价，无论是时人还是前人，都极少用"仁"字，但对管仲，他用了"仁"字。

二、对于生死的抉择，每个人都有不同的标准。不应将一时的决定立即作出判断。我们主张盖棺才能论定，就是要看到最后，才能明白当时的选择是否恰当。

14.17

子贡曰："管仲非仁者与？桓公杀公子纠，不能死，又相之。"子曰："管仲相桓公，霸诸侯，一匡天下，民到于今受其赐。微管仲，吾其被发左衽矣。岂若匹夫匹妇之为谅也，自经于沟渎而莫之知也？"

今译

一、子贡说："管仲不是仁者吧？桓公杀了公子纠，管仲身为纠的太傅，不能守节赴死，还去辅佐桓公。"孔子说："管仲辅佐齐桓公，称霸诸侯，匡正天下，民众到现在还受到他的恩惠。如果没有管仲，我们都会披散头发，穿着衣襟向左开的衣服，受夷狄统治了。管仲难道要像一般百姓那样守小节，在田间水沟中自杀，不被人知晓吗？"

二、孔子对管仲的评价极高，子贡对此有异议。他认为，齐桓公杀了管仲的主子，管仲不能死节，还背叛主子，转而辅佐齐桓公，帮助自己过去的敌人，不像话。但孔子还是强调管仲的好处，说大家都应感激他。如果没有管仲，咱们就会披发左衽，沦为夷狄。他不认为管仲应该像匹夫匹妇，为了小信，随便自杀。

解读

一、"谅"亦作"亮"，《孟子·告子下》："孟子曰：'君子不亮，恶乎执。'"孔子和孟子都认为，义之所在，是大信，大信必须守；小信可以变通，一味固守，属于"谅"。管仲是有功于后世的大政治家，当然不能像一般百姓那样，为了小信小节而在田间水沟中自杀。孔子依据管仲最终所成就的大功，评论管仲是仁人。孔子的境界，当然不是子路和子贡所能达到的。

二、倘若管仲没有后来的功绩，恐怕孔子就会认同子路和子贡的看法，认为管仲不是仁人。可见把生命保存下来，必须发挥更大的作用，否则还不如召忽那样，至少留下英勇忠诚的美名。《八佾篇》记载，孔子批评管仲的度量狭小，也不算懂得礼法。为何此处却称赞管仲为仁人呢？因为小器是管仲个人生命中的缺失，但是和他客观展现出来的巨大价值相比，就显得微不足道了，他仍然有资格被尊为仁人。

14.19

子言卫灵公之无道也，康子曰："夫如是，奚而不丧？"孔子曰："仲叔圉治宾客，祝鮀治宗庙，王孙贾治军旅。夫如是，奚其丧？"

今译

一、孔子讲述卫灵公不依正道行事，季康子说："既然如此，他为何没有丧失君位呢？"孔子说："他有仲叔圉接待宾客，祝鮀负责祭祀，王孙贾统帅军队。像他这样善于任用贤才，怎么会丧失君位呢？"

二、孔子和季康子议论卫灵公。孔子说卫灵公无道。季康子问，那为何不垮台？孔子说，因为卫国有三位贤臣：仲叔圉（即孔文子）擅长接待宾客，具备外交才能；祝鮀擅长宗庙祭祀；王孙贾擅长军事。像他这样知人善任，怎么会垮台呢？

解读

一、君王有道，当然是人民最大的福分。君王无道，如果能够知人善任，得到贤能的辅佐，也能够保持"无为"状态，而不致灭亡。

二、知人不易，求才尤难。领导者必须具备知人善任的品德和才能，使贤者居其位，能者任其职，以期分工合作，齐心协力完成预期的任务。

14.24

子曰："古之学者为己，今之学者为人。"

今译

一、孔子说："古时候的读书人是为了充实自己而学习，现今的读书人则是为了让别人知道而学习。"

二、孔子说："古时候的读书人是为了自身的修养而学习，如今的读书人则是为了找工作或扬名而学习。"

解读

一、为充实自己而学，不过是追求独善其身；为让别人知道而学，很容易徒有虚名。理想的方式，应该先把自身好好充实起来，无论是品德、言语、政事、文学，都能够兼顾。然后才为他人，将自己所学推广开来。《大学》所说"格物、致知、诚意、正心、修身、齐家、治国、平天下"，便是由为己到为人的系统历程，把一个人从内在修养发扬到外在作为。

二、学习，应当是为自己而学，而非为别人而学，即为了自身的兴趣爱好而学；为了找工作或扬名而学，表面上是为自己，其实是为了他人。

14.28

子曰："君子道者三，我无能焉：仁者不忧，知者不惑，勇者不惧。"子贡曰："夫子自道也！"

今译

一、孔子说："君子有三种美德，我都未能做到：仁者不忧虑，智者不疑惑，勇者不畏惧。"子贡说："这三种美德，正是老师的自述啊！"

二、孔子说："仁慈者不忧愁，聪慧者不迷惑，勇敢者不惧怕。这三种君子之道，可惜我都没能做到。"子贡说："老师说的正是老师自己。"

解读

一、仁者不忧，专指不为自身之事忧虑。至于以天下为己任，忧天下之忧，乃至先天下之忧而忧，并非不忧。智者具备选择和判断的能力，足以洞察事理。梁启超认为，一个人须有基本常识、专门知识和综合智能，方能不惑。勇者在天下有事时用于战场，天下无事时用于礼义。敢作敢为，自然不惧。

二、智、仁、勇，后来被称为"三达德"，见于《中庸》。在"三达德"中，智居首位，意即我们行仁，必先动脑，力求合理而不糊涂。仁处于中间，是"三达德"的重点，表示智或勇皆为行仁。勇是"三达德"的基础，有仁心，又判断正确，但若因胆怯而不敢付诸实践，仍等于零。所以仁者必有勇，方能产生实际行动。

14.29

子贡方人。子曰:"赐也贤乎哉? 夫我则不暇!"

今译

一、子贡喜欢批评别人。孔子说:"赐啊,你就样样都能干吗? 至于我,可没有闲暇去批评别人。"(方人,评论他人的短长。)

二、子贡喜欢与人攀比。孔子说:"你真比别人强吗? 要是我,我才没工夫操这个心。"(方人,好与人比。)

解读

一、子贡小孔子三十一岁,在言语方面是孔子出色的弟子。他出使游说各国诸侯,在齐、吴、晋、越都有出色表现,孔子颇为赞赏。然而,他喜欢评论他人的不足,难免得罪他人。孔子为劝阻他,以"自己没有这种闲工夫"来点醒他。

二、俗话说,人比人,气死人。喜欢与人攀比,对常人而言,或许是人之常情,可对于子贡这样有成就的人,未免是一种瑕疵。孔子以委婉讽刺的方式指点他,完全是一番好意。

14.30

子曰:"不患人之不己知,患其不能也。"

今译

一、孔子说:"不担忧别人不知道自己,担忧的是自己没有真才实学。"

二、孔子说:"不怕人家不了解我,怕的是自己没有真本事。"

一、一般人受"学而优则仕"的激励，有机会便要从政，没有机会也极力争取，却不知从政所负之责任。唯恐自己的才能不为人知，不受高层人士赏识，对于自身是否具备真才实学，反倒不在意。

二、类似表述在《论语》中还有多处，如"人不知而不愠""不患人之不己知，患不知人也""君子病无能焉，不病人之不己知也"。孔子常说，他不怕人家不了解他。他如此说，如果是给自己打气，尚可理解，但总是念叨，就让人有些怀疑。因为至爱就是不自知其为爱，至高就是不自知其为高，忘者得之，如同动物本能。一个人若真不在乎名，就不必总挂在嘴边。挂在嘴边，实则还是放不下。其实从内心世界来看，孔子对生前身后之名，特别是身后之名，还是极为看重。人家不了解他，令他深感孤独。

14.31

子曰："不逆诈，不亿不信，抑亦先觉者，是贤乎！"

今译

一、孔子说："不事先揣测别人的欺诈，不事先臆想别人会失信，却都能及时察觉，这样的人是一位贤者吧！"

二、孔子说："不预先料想别人是否欺诈，不猜测别人是否不讲信用，然而还能预先觉察，这就算高明！"

解读

一、一般人总觉得"害人之心不可有，防人之心不可无"。孔子则认为贤者不必如此，因为一旦有了防人之心，就难以以平常心看待他人。好比戴着有色眼镜，似乎觉得每个人都不可靠。于是自己先产生偏见，明明没什么不对的地方，也可能疑神疑鬼，岂不是反而欺骗了自己。

二、孔子认为，身为贤者，对于人的真伪，自然有高度的警觉性。不逆诈便是不必预先加以预测。唯有在别人使诈弄巧时，能够看出破绽，也就足够了。如果时时以"防人之心不可无"来强化心防，恐怕很难建立人与人之间的信任。孔子说这番话，是否在提醒我们，不必过分猜疑别人的动机，以免产生不必要的偏见呢？

14.32

微生亩谓孔子曰："丘，何为是栖栖者与？无乃为佞乎？"子曰："非敢为佞也，疾固也。"

今译

一、微生亩对孔子说："丘啊，你为何如此忙碌奔波而不得安宁呢？莫非是要靠巧言谄媚讨好世人吗？"孔子说："我不敢这样做，我只是厌恶固执的人。"

二、微生亩对孔子说："你这么颠沛流离，到处游说，难道不是属于'佞'吗？"孔子辩解说："我并非说讨人喜欢的话，只是痛恨那些固执己见的人。"

解读

一、微生亩是隐士，对孔子忙于到处弘扬大道，很不认同。他直呼孔子之名，又出言不逊。孔子一向主张"你对我客气，我没理由对你不客气。你对我不客气，我又何必对你客气"的待人原则，所以回答的话也不太客气。意思是，我忙碌，你固执，有什么好笑的？

二、隐士道德高尚，孔子因为自己做不到，不但敬重隐士，还由衷地佩服。但隐士却看不起他，嘲笑他。而孔子之所以终日奔走游说、不辞辛劳，是因为他一心想要为社会和国家尽心尽力。人各有志，自然会选择不同的道路前行。孔子曾对隐士们表示，自己选择出仕为官、参与世事，或许是自己性情使然，这其实体现了他面对隐士时一种谦虚且幽默的态度。

14.33

子曰："骥不称其力，称其德也。"

今译

一、孔子说："千里马值得称赞的不是它的力气，而是它的德性驯良。"

二、孔子说，千里马不是称赞它的力气，而是称赞它能跑到终点。

解读

一、千里马，顾名思义，是指能够日行千里而不感到疲乏的马。人们往往容易因其持久的力气而赞叹，却可能忽视了它更为重要的驯良德性。实际上，千里马之所以受到赞誉，不仅在于其出色的耐力和速度，更在于其驯良和善的性格。这种才德并重的标准，若用来评价千里马，尚算恰当；但若用来衡量贤才，则显得略有不足。对于贤才而言，品德应为本，才能为末，我们首先要考察的是其品德修养，然后才是其才能表现。

二、"骥不称其力，称其德也"这句话中的"德"，该如何理解呢？郑玄认为，"德"指的是马的"调良"，即马经过良好的训练。然而，"德"也可以解释为"得"，即马所能达成的结果。换句话说，一匹马是否优秀，并不仅仅取决于它的力气或训练程度，更重要的是它能否跑到终点，完成预期的任务。能够坚持到底、达成目标的马，才是真正的好马。这种解释赋予了"德"更具体的含义，并强调了结果导向的评价标准。

14.34

或曰:"以德报怨,何如?"子曰:"何以报德?以直报怨,以德报德。"

今译

一、有人问:"以恩德回报怨恨,这样做对不对?"孔子说:"那如何去回报对你有恩德的人呢?应该用公正来回报怨恨,用恩德来回报恩德。"(直,公正无私。)

二、有人问孔子:"以德报怨怎么样?"孔子说:"如果'怨'要用德来报,那'德'该用什么来报呢?难道用'怨'来报吗?总归不行吧?还是'以直(值)报怨,以德报德'吧。"(直,同"值",对等的东西。)

解读

一、以恩报恩,以德报德,还要以直报怨。以直报怨并非以牙还牙、以暴制暴。现代主张诉诸法律,让法律来加以制裁。

二、以直报怨,不是说用正直去报答怨,而是说用对等的东西报答怨。这里的"直",应读为"值",即"以怨报怨"。《礼记·表记》中有云:"以德报德,则民有所劝;以怨报怨,则民有所惩。"又云:"以德报怨,则宽仁之身也;以怨报德,则刑戮之民也。"孔子认为,以德报德,是劝民向善;以怨报怨,是惩民为恶。这是他的基本态度。"以德报怨""以怨报德",在他看来,都不是"礼之常",前者是上对下过于宽厚,后者是下对上过于凶恶。

14.37

子曰："贤者辟世，其次辟地，其次辟色，其次辟言。"子曰："作者七人矣。"

今译

一、孔子说："贤人看到天下无道，为避开污浊的社会而隐居，次一等的是离开乱邦前往治邦，再次一等的是看到别人态度不好而避开，更次一等的是听到别人的言语与自己意见不合而避开。"孔子又说："像这样因为不同原因避世的，已经有七个人了。"

二、孔子说："天下无道，贤人要知'四避'：首先是避乱世，其次是避危地，再次是避不好的脸色，从次是避恶言。带头这样做的已经有七个人了。"

解读

一、孔子这番话，应该是闲谈时的一种说法，并不代表他的主张。因为他自己不想当隐士，实际上也从未做过。他有知其不可而为之的精神，当然不可能避世隐居。很可能是大家谈论起隐士生活，孔子就此方面作出这样的评论。先从言语不合而避起，上升到礼貌不周便躲开，然后离开乱邦迁居到治邦，最后只好以天下无道为由而隐居。

二、孔子遇到的隐者，对孔子都是冷嘲热讽，孔子对他们却是敬佩至极。孔子知道，他所处的世界，这些人是清正的，这些人看不起的才是污浊的。他想与这些人交谈，都被拒绝了。因为他奔走呼号想要劝说的对象，在这些人看来，都是十足的坏蛋，何必白费力气？何苦来哉！孔子站在清浊之间，举目无亲，彷徨无依。爱清，却不肯厝身于清；恨浊，又不能忘情于浊。他就像《夜奔》中的林冲，"专心投水浒，回首望天朝"。

14.38

子路宿于石门。晨门曰:"奚自?"子路曰:"自孔氏。"曰:"是知其不可而为之者与?"

今译

一、子路在石门城外住了一夜,第二天一早进城,管城门的人问他:"你从哪里来的?"子路说:"从孔家来。"管门的人说:"就是明知不可为而为之的那个人吗?"

二、子路在鲁城的外郭门住了一宿,(第二天清早进城,)司门者问:"从哪儿来?"子路答道:"从孔家来。"司门者说:"就是那位知道做不到却一定要去做的人吗?"

解读

一、管早晨开城门的小吏对孔子的评语很贴切,孔子的一生是"知其不可而为之"。他与隐者不同,隐者是"知其不可而避之"和"知其不可而逃之"。

二、只问自己是否尽心尽力,不计较能否达成预期效果。进一步而言,明明知道不可为,还是甘愿承担所有困难,勇敢地向前迈进。这种明知不可而为之的精神,令人钦佩!诸葛亮六出祁山,正是这种精神的发扬。孔子把所有客观的艰难、灾祸,都视为自我锻炼的关卡。怀着关公过五关斩六将的勇气和毅力,自强不息地承担一切后果。

14.39

子击磬于卫。有荷蒉而过孔氏之门者，曰："有心哉，击磬乎！"既而曰："鄙哉，硁硁乎！莫己知也，斯己而已矣！深则厉，浅则揭。"子曰："果哉！末之难矣！"

今译

一、有一天孔子在卫国，正在击磬。有一个挑着草筐的隐士从孔子家门口走过，说："真有救世的诚心啊，这个击磬的人！"过了一会儿又说："鄙陋啊，从那坚实的磬声里能听得出来。世人既然不赏识你，也就算了吧！《诗经》上说：'遇到深水，就和衣涉水过去；遇到浅水，就撩起衣裳涉水而过。'为人处世也应该这样，不要太固执。"孔子说："这人如此果决，我对他也无可非难了！"

二、孔子在卫国，不得志，在家击磬。有个担草筐的人从门口经过，一听，就知道孔子有心事。他说："你这么击磬，是有心事吧。"过一会儿又说："你这么硁硁作响，也太俗气了。人家不理解你，不就是你那点心事嘛。《诗经》上说，河水深，就穿着衣裳过河；河水浅，就撩起衣裳过河——世事深浅，你该知道呀。"他的意思是，世道这么坏，你又不是不知道，干吗一定要人家理解你。孔子听了，只好说，您要说得这么绝对，我就无话可说了（没法跟您辩论了）。

解读

一、此章足以表明，孔子虽说不担心别人不了解自己，其实他还是很在意的。

二、孔子的心与天地同心。明知自身力量十分有限，却坚持要发挥无限的精神力量。这种择善固执的态度，实在可钦可敬。遇到浅水，撩起衣裳，拉起裤管，便可以涉水而过；遇到水深过膝，反正非被水浸湿不可，则直接穿着衣裳渡过。这种持经达变的态度，孔子非常了解。他主张坚持到底，却也尊重隐者自求全身而退。

14.42

子路问君子。子曰："修己以敬。"曰："如斯而已乎？"曰："修己以安人。"曰："如斯而已乎？"曰："修己以安百姓。修己以安百姓，尧舜其犹病诸？"

今译

一、子路问怎样才算是君子。孔子说："以恭敬的态度修养自己。"子路又问："这样就够了吗？"孔子说："修养自己，进而使他人安乐。"子路又问："这样就够了吗？"孔子说："修养自己，再使百姓都得到安乐。修养自己，使百姓都得到安乐，连尧、舜都恐怕不能完全做到呢！"

二、子路问孔子，什么是君子。孔子答："把自己修养好，同时敬重他人。"子路又问："到此为止了吗？"孔子答："更高的要求是，把自己修养好，能让别人安定。"子路又问："到此为止了吗？"孔子答："最高的要求是，把自己修养好，能让天下百姓安定。但这件事，就连尧、舜都感到为难。"

解读

一、这段话很重要，涉及孔子所定义的三种境界的人。子路问孔子，三问三答，讲的是人的三种境界，一层比一层高。第一层，把自己修养好，也敬重他人，这是君子；第二层，把自己修养好，还能让别人安定，这个层次当然也是君子，但已超出一般的君子，狭义的君子，对比《雍也》6.30 可知，其实是仁人；第三层，把自己修养好，还能让天下百姓安定，这个层次也是君子，但比仁人更高，是圣人。尧、舜就是圣人。这里需要注意的是，"人"与"众"或"百姓"不同，"人"是君子，"众"或

"百姓"是大众。(《雍也》6.30："子贡曰：'如有博施于民而能济众，何如？可谓仁乎？'子曰：'何事于仁，必也圣乎！尧、舜其犹病诸！夫仁者，己欲立而立人，己欲达而达人。能近取譬，可谓仁之方也已。'""博施于民而能济众"，是圣；"己欲立而立人，己欲达而达人"，是仁。比仁更低的，他没有讲明。)

二、修己以敬、修己以安人、修己以安百姓，代表内圣外王的三个层次，由浅入深，由近及远，由亲至疏。先从修己以敬做起，进而修己以安人，再扩展为修己以安百姓。这种高远的目标，不要说一般人达不到，就连尧、舜都难以完全达到。但取法乎上，才能做到中等程度，所以孔子把三者都说出来，让大家努力向前。修己是根本，不修己而妄想安人，是不可能的事情。现代人很浮躁，处处想安人，却不注重修己，所以事倍功半，甚至反而生害。

14.43

原壤夷俟。子曰："幼而不孙弟，长而无述焉，老而不死，是为贼。"以杖叩其胫。

今译

一、原壤两腿张开像簸箕般坐着等待孔子。孔子说："你小时候就不谦逊、不尊重尊长，长大后也没什么值得称道的，活到这么大年纪还不死，真是个败坏伦常风俗的贼啊。"说完，就用拐杖敲他的小腿。

二、原壤在家等孔子，不是跪坐，而是两腿平伸。他心里想，来的人又不是别人，不就是我从小就认识的孔小二嘛。孔子到了，看到他这副模样，太不像话，破口大骂，说你这家伙，小时候不乖，长大了没出息，活到这把年纪还不死，简直就是个老混蛋。孔子一看到原壤平伸的两条腿，气不打一处来，使劲拿棍子打。

一、孔子厌恶不讲礼貌的人。原壤是他的发小，两人很熟。他对孔子不客气，孔子也对他不客气，连棍子都用上了。《礼记·檀弓下》说，原壤是孔子的老朋友，自幼相熟。原壤的母亲去世，孔子帮他料理后事，他却登上棺木若无其事地唱歌。孔子不高兴，但从旁经过，假装没听见。同行者劝孔子取消此事，孔子说，我俩自幼相识，这点面子不能不给。皇疏说，原壤是"方外之圣人也，不拘礼教"，孔子是"方内圣人，恒以礼教为事"。看来，原壤是个放浪形骸、不拘礼节之人。

二、和老朋友开开玩笑，乃人之常情，孔子也不例外。但其用意仍重在教导弟子，不要如这位老友一般，学问和道德均无长进，对国家民族毫无贡献。开玩笑亦不离教化之功能，并非胡乱为之。孔子与原壤开玩笑，一方面警示弟子，另一方面也激励原壤。倘若原壤经孔子此番刺激，能够自我改进，岂不是美事一桩？

14.44

阙党童子将命。或问之曰："益者与？"子曰："吾见其居于位也，见其与先生并行也，非求益者也，欲速成者也。"

一、阙党的一个童子来向孔子传达信息。有人问："这对那童子有什么益处吗？"孔子说："我看到他坐在成年人的位子上，和长辈并肩而行，这童子并非想在学问上求进步，只是想快点成为大人，不遵循童子应有的礼让。"

二、住在阙里的乡党组织中有个年轻人，在礼仪场合负责传达辞命。有人问，他是个追求上进的人吗？孔子说，我见他坐时敢与长者平起平坐，行走时敢与长者并肩而行，绝非上进之人，而是急躁冒进之人。

解读

一、一个人的行为态度，背后必定有一种观念支撑。孔子见这个传递信息的年轻人，与长辈平起平坐、并肩而行，不知礼让，可以推知他是少调失教、不懂规矩、不懂礼貌之人。急躁冒进和积极上进不同，差别正在于此。

二、有经验的人往往眼光独到，能迅速洞察他人的内心世界。因此，应调整自己的行为态度，以诚恳和谦逊赢得他人的尊重，避免给人留下不良印象。同时，也要学会通过观察他人的言行来了解其性格和品质，以便更好地与人交往。

卫灵公第十五

15.2

在陈绝粮，从者病，莫能兴。子路愠见曰："君子亦有穷乎？"子曰："君子固穷，小人穷斯滥矣。"

今译

一、走到陈国时没有了粮食，跟随的弟子都饿病了，无法起身。子路心里不快，来见孔子说："君子也会陷入这样的穷困吗？"孔子说："君子在穷困时能坚守原则，小人在穷困时就会不守本分而胡作非为。"

二、孔子周游列国，在陈地断粮。跟随的弟子们都饿得爬不起来了。子路气得跳脚，说："君子也该这样饿肚子吗？"孔子说："君子当然会受穷，但不像小人耐不住穷，一穷就歇斯底里。"

解读

论语别解

一、孔子在周游列国期间，曾遭遇三次重大的困境：第一次是在前496年被困于匡地，第二次是在前492年险遭宋国司马桓魋杀害，第三次则是在前489年在陈国断粮。此处所述，正是他的第三次大难。在此情境下，同样被称为"君子"的人，却有不同的理解。子路认为，君子应是体面之人，他们不仅必然有饭可吃，而且能享受美食。他口中的"君子"是基于身份的，指的是贵族。然而，孔子所说的君子，与子路的理解有所不同。他指的是"道德君子"，这样的人具备君子的风度，但并不一定拥有财富或权势，有时甚至会遭遇饥饿。即便君子陷入困境，也要保持应有的风度。小人的特征在于他们无法忍受贫穷，一旦贫穷，就会满腹牢骚，甚至大发脾气。孔子的意思是，像你这样的行为就属于"穷斯滥矣"。

二、贫穷仿佛是老天爷为人们设置的一道关卡，它考验着人们应对困境的态度，促使人们深入了解自己的本性，究竟是君子还是小人。在人的一生中，永远不遭遇穷困是不可能的。如果一遇到穷困就胡作非为，那岂不是意味着经不起考验，也就是无法掌控自己？这种只能适应顺境而无法面对逆境的人，其实是非常可怕的。

15.3

　　子曰：“赐也，女以予为多学而识之者与？”对曰：“然，非与？”曰：“非也，予一以贯之。”

今译

　　一、孔子说：“赐啊，你以为我是靠博学多闻而强记的人吗？”子贡回答说：“是啊，难道不是吗？”孔子说：“不是的，我是用一个基本道理将所学贯通起来。”

　　二、孔子告诉子贡说：“你以为我的学问，是从多方面学习并记闻而来的吗？”子贡说：“对呀！我们都认为您是这样的，难道我们的观念错了吗？”孔子则说：“我的学问是得到一个东西，弄懂以后，便能一通百通。”

解读

　　一、一般人把多见多闻且记忆力良好的人称为博学多闻或者博闻强记。这样的人有很多知识，却未必真正有学问。因为缺乏将这些知识贯穿起来的道理，算不上有系统的知识。孔子当然多见多闻，记忆清晰，但他拥有一般人所缺乏的中心思想，能够做到一以贯之。孔子所说的“非”，并非否定博学强记，而是要求统合自己的中心思想，以免迷失自我。孔子的一贯之道，曾子认为是“忠恕”。无论何时何地，谈论或处理任何事情，这都是不能改变的原则。如此一来，再繁杂的见闻，都能够统一起来，不至于前后矛盾，扰乱自己的思维和行为。

　　二、孔子说，我的学问是得到一个东西，弄懂以后，一通百通。这个东西，这个"一"很难解释。宋儒解释为"静"，要在静中涵养端倪。所以后来打坐，儒家、道家、佛家都是如此，在静坐中慢慢涵养，以明心见性为宗旨。儒家讲善与恶，是人性作用的两种现象，那个能使人善、能使人恶的东西，如果能找到，就是它，佛家称作佛，道家称作道，儒家称作仁。用什么方法去找？儒、释、道三家都从所谓的打坐入手，在静中慢慢体悟，回归寻找自己本性的那个东西，就称作"一"。这个"一"找到了，便能豁然贯通，什么都懂了。从我们的经验来看，"读万卷书，行万里路"，是要增加人生的经验，其实这还不够，必须加上"交万个友"，与各色人等都接触，这样学问就差不多了。由学问中再超脱、升华，能够达到"本源自性"的境界。

15.5

子曰："无为而治者其舜也与？夫何为哉？恭己正南面而已矣。"

论语别解

今译

一、孔子说："能够做到无为而治天下的，大概只有舜吧？他做了些什么呢？不过是恭敬端正地坐在朝南的天子位上罢了。"

二、孔子说："能实现无为而治并使天下大治是不容易的，只有上古时代的舜能做到。那他是怎么做的呢？对自己恭敬严肃，坐北朝南罢了。"

解读

一、孔子代表的儒家和老子代表的道家，虽然都涉及"无为而治"的思想，但儒家并非像道家那样主张放任自然。相反，儒家提倡通过实施德治来落实政治理想，以此赢得人民的支持和拥戴。

二、一般人认为儒家反对道家所倡导的"无为而治"，即领导者万事都不管，只交给下属去处理。然而，这种对道家"无为"的解释是错误的。实际上，道家的"无为"也蕴含着"无不为"的理念。以道家的精神做事做人，追求的是在外表看来不着痕迹、不费周章。比如，预见某一件事在将来某个时候可能发生问题，而现在就先行解决，以避免未来出现问题，这就是道家"无为而治"的体现，这实际上是很难做到的。道家的"无为"并非指不做事或不管事。而在这里，孔子强调的是，圣王应立身端正，首先修正自己的道德，以此树立榜样，进而影响下属，使各层级都能各负其责。他所推崇的榜样是尧和舜。

15.6

子张问行。子曰："言忠信，行笃敬，虽蛮貊之邦，行矣。言不忠信，行不笃敬，虽州里，行乎哉？立，则见其参于前也，在舆则见其倚于衡也，夫然后行。"子张书诸绅。

今译

一、子张问怎样才能到处行得通。孔子说："说话忠诚信实，行事笃厚谨慎，即使到了蛮荒的国家也能行得通。说话不忠诚信实，行事不笃厚谨慎，即使在本乡本土，能行得通吗？站立时，就仿佛'忠信笃敬'这几个字就在眼前；坐在车上，就好像这几个字刻在车前的横木上。这样以后就能到处行得通了。"子张把老师的话立刻记在了衣带上。

二、子张请教老师怎样做好外交工作。孔子告诉他，言语要坦率信实，行为要忠厚诚敬，做到这样，即使和野蛮的人也能往来。说话不坦率信实，行为不忠厚诚敬，即使在邻居间、本州本里，也是行不通的。"言忠信，行笃敬"，记住这两条，走到哪里都不要忘记。步行时，眼前有这六个字；坐车时，眼前也有这六个字。凭着这六个字，就能走遍天下。子张没带简册，赶紧把这六个字记在衣带上，准备随时提醒自己加以注意。

解读

一、忠信笃敬是在全世界都受欢迎的通行证，无往不利。说话不忠信，行为不笃敬，无论在何处，都会令人厌恶。知道这个道理的人很多，真正能做到的却很少。

二、子张问行，这个"行"包含两种意义，一是指行为，二是指古代"行人之官"的行，即外交工作。子张当时正在做行人，负责外交事务，请教孔子如何做好外交工作。孔子告诉了他这句千古名言："言忠信，行笃敬"。忠，就是直心；信，就是讲出来的话一定兑现。行为态度要笃敬，忠厚而诚敬。无论是官式外交，还是国民外交，待人接物的原则古今相同。第一，对人绝对诚恳，不要耍手段，正直坦率，这是最高的礼貌。第二，和不同文化、不同风俗习惯的人相处，不要表现得太过关心，过分关心也许会被认为是干涉他人的自由。

15.7

子曰："直哉史鱼！邦有道，如矢；邦无道，如矢。君子哉蘧伯玉！邦有道，则仕；邦无道，则可卷而怀之。"

今译

一、孔子说："史鱼真是正直啊！国家政治清明时，他的言行像箭一样直；国家政治昏暗时，他的言行也像箭一样直。蘧伯玉真是君子啊！国家政治清明时，他就出来任职；国家政治污浊时，他就把自己的才能收藏起来。"

二、孔子说："史鱼大夫非常直，不论国家社会是混乱还是安定，他的言行都像射出去的箭一样直，不转弯。孔子接着说，蘧伯玉这个人了不起，国家社会有道时，他出来当官；国家社会紊乱时，他就把自己像一幅画一样卷起来收藏起来，不发牢骚，也没有怨言。"

一、史鱼和蘧伯玉这两个人形成了鲜明的对照。一种人，如史鱼，无论何时何地，都宁肯直道而行，绝不转弯，这种品质在干部中是非常可贵的。另一种是像蘧伯玉这样的人，他们才具出众，有深厚的修养，对名利看得很淡，恰如孟子所说"达则兼济天下，穷则独善其身"。这句话我们虽然都会讲，但等到真的遭遇穷困、面临难关时，能够退下来"卷而怀之"，做到"独善其身"，往往心中会有所不甘，这其实是一种很难达到的修养境界。孔子的处世哲学告诉我们，任何时候都应该以直道待人，国家政治清明时，应该出来做官为民服务；国家政治黑暗时，则应退隐保全自身。我们既要坚持原则，也要珍惜生命。

二、"矢"是拉弓射出的箭，它不仅象征着"直"，也代表着尖锐。有些人虽然能够直言不讳，但言辞过于犀利，让人难以接受。然而，我们要理解他们内心的善良和出发点的善意。尤其是作为领导人，在面对这种直言不讳的部下时，更要有包容的胸怀，学会容忍他们的尖锐言辞。

15.8

子曰："可与言而不与之言，失人；不可与言而与之言，失言。知者不失人，亦不失言。"

今译

一、孔子说："可以和他交谈，却不与他交谈，就会错失值得交谈的人；不可以和他交谈，却与他交谈了，就是说错了话。明智的人既不会错失值得交谈的人，也不会说错话。"

二、孔子说："一个人可以跟他讲真话，但自己怕得罪人而不肯跟他讲，这就对不起人。有时候，有些人无法跟他讲真话，如果对他讲了，不

卫灵公第十五

217

但浪费口舌，而且还会得罪人。所以一个真正有智慧的人，该说的时候直说，既不失人，也不失言。"

解读

一、孔子非常注重言辞，对如何说话有着深入的研究。他认为，在应该与人交谈时却选择沉默，这是"失人"；而不该与人交谈时却多嘴，则是"失言"。一个真正聪慧的人，会避免这两种失误，既不"失人"，也不"失言"。如果"可以与某人交谈却选择不谈"，这属于隐瞒；而"不该与某人交谈却与其交谈"，则显得过于急躁。

二、这里所探讨的为人处世之道确实深奥复杂。我们常常说"逢人只说三分话"，这三分话往往还是相对不太重要的内容。因为面对不合适的人，我们不方便透露太多，也不能说得太深入，必须适可而止。然而，"事无不可对人言"，意味着如果面对的是合适的人，我们就应该坦诚相待，把话说清楚、讲明白。例如，面对自己的朋友或亲人，如果我们看到他们犯了错误，宁愿给予警告，哪怕他们因此暂时不理解我们。我们仍然视他们为朋友，他们可以怨恨我们，但当他们失败时，或许会意识到我们的忠告是正确的，这样我们就对得起他们了。因此，在可以沟通的情况下选择沉默，是不应该的，是对人的不尊重。从人生经验中我们了解到，无论是朋友之间还是亲人之间，如果在对方不如意的时候提出问题来讨论，通常会遭遇不愉快，这是因为选择的时机不对。就像古语所说："薄言往诉，逢彼之怒。"在学校与同学相处，或在社会上与同事相处时，我们经常会遇到这样的情况：因为说话时机不当，导致意见不合。所以，人与人之间的沟通，人与事之间的协调，说话的艺术真的很难掌握。这需要我们积累丰富的人生经验后，才能真正理解。

论语别解

15.10

子贡问为仁。子曰："工欲善其事，必先利其器。居是邦也，事其大夫之贤者，友其士之仁者。"

今译

一、子贡请教怎样推行仁道。孔子说："工匠想要把活儿干好，必先把工具磨锋利。居住在这个国家，要敬奉该国中的贤能大夫，结交该国中有仁德的士人。"

二、子贡请教如何推行仁道，孔子告诉他，一个做手工艺的人，要想把工作做得完善，应该先把工具准备好。那么推行仁道用什么工具呢？住在这个国家，想对这个国家有所贡献，必须结交上流人物，乃至政坛上的要员、社会上各种贤达的人。

解读

一、完成一件工作，需要内在的条件和外在的环境密切配合。推行仁道，好比工匠从事工艺，不但心中要有良好的构想，还要准备合适的工具。孔子的意思是，先和社会贤达取得良好的互动，为贤能的官吏服务。有了这些有利的助力，才能顺利推行仁道。

二、"工欲善其事，必先利其器。"这两句名言，孔子是说，要到某一个国家去，达到某一个目的，先要和这个国家的上流社会、政府首长搞好关系，同时把社会关系处理好，然后才可以有所作为，达到仁的境界。孔子这些话，看起来像是教人使用手段，其实不然！事实上任何人、任何时代，都是如此。但重要的是，这里是为了推行仁道，目的是实现仁，是为了帮助他人。这两句名言，我们引申开来，大家一生都会受用无穷，就是做任何一件事，都不能孤陋寡闻，要多交往、多了解，处处都是学问。

卫灵公第十五

15.11

颜渊问为邦。子曰:"行夏之时,乘殷之辂,服周之冕,乐则《韶》、《舞》。放郑声,远佞人。郑声淫,佞人殆。"

今译

一、颜渊请教如何治理国家。孔子说:"采用夏代的历法,乘坐商代的车子,戴周代的礼帽,音乐用舜时的《韶》《舞》。禁绝郑国的音乐,远离奸佞之人。因为郑国的音乐淫靡,奸佞之人危险。"

二、颜渊问如何治理国家,孔子回答了四条:一是实行夏代的时令;二是乘坐商代的马车;三是穿戴周代的礼帽;四是音乐则采用虞舜的《大韶》与周武王的《大武》。有些坏东西必须清除:一是郑国淫荡的音乐;二是能说会道、花言巧语的人。

解读

一、孔子倡导德治,认为政府必须建立威信,并且改善人民生活,再施以教化。这种方式,就算用在现代,也很适合。

二、孔子告诉颜回,国家政治要干得好,就必须"行夏之时"。这个"时",就是指历法。现在我们所用的"夏历",就是夏朝时候创立的历法。我们中国的历法,大家都喜欢用阴历,过正月要拜年,就是夏历的遗风。中国人几千年来都是过阴历年,这就是"夏之时"。夏历为什么又叫阴历呢?因为每月的十五日,以月亮自东方出来是圆的那一天作标准,月亮名太阴,所以叫阴历。那么我们的历法,照不照太阳历?事实上我们一样,五天为一候,三候为一气,六个候一节。一年十二个月,七十二个候,二十四节气。什么节气种什么农作物是待定的,这是用太阳历法的规律。换句话说,我们几千年的历史,都是阴阳合历。所以说,几千年前,我们的天文水准,就已经进步得很高了。

15.17

子曰:"群居终日,言不及义,好行小慧,难矣哉!"

今译

一、孔子说:"众人整天聚在一起,没说半句有意义的话,喜欢耍些小聪明,这样很难有所成就啊!"

二、孔子认为,对于君子而言,整天扎堆聊天,飞短流长,言不及义,是难以想象的。

解读

一、如今我们所说的很多"单位"里,也存在这种氛围,叽叽喳喳,拉拉扯扯,孔子当年的警语,至今仍值得我们警惕。

二、我们不可能整天谈论正经事,偶尔轻松一下,增添生活情趣,当然是合理的安排。不过,大家难得有机会聚在一起,谈论一些有意义、有价值的事情,增长见识,也促进彼此的良性互动。这样的工作和生活,才有积极的作用。

15.20

子曰:"君子疾没世而名不称焉。"

今译

一、孔子说:"君子担忧死后没有留下为人称道的好名声。"

二、孔子说,君子最大的毛病在于担心去世后在历史上无名。

解读

一、人在死后不能留下好名声，想必是君子最大的遗憾。人生所追求的，应是通过立德、立功、立言这三不朽的境界，来引发后人的共鸣，使自己永远活在他们的心目中，留下值得效仿的榜样，既无愧于祖先，又能将爱遗留给子子孙孙。

二、一个人若真心求名，唯有一途可行——那就是对社会做出真正的贡献。若想求得历史上的大名，其难度可就更大了。因此，我们必须要看透名利之道。真正理解人生，并确定自己要走的路，这才是最重要的。否则，一生便只能平实、本分地度过，做好自己的本职工作，不去过分地奢求。一个真正的君子，总是对自己提出要求，无论是在学问上还是在事业上，他们只会问自己：我具备了多少？我充实了多少？我努力了多少？因为他们知道，一切成就都要靠自己的努力，而非依赖他人，更非借他人之力来成就自己。在内省修养方面，他们也只会问自己应如何待人，而不会去要求别人如何对待自己。

15.21

子曰："君子求诸己，小人求诸人。"

今译

一、孔子说："君子责备自己，小人责备别人。"

二、孔子说："君子有求于己，小人有求于人。"

解读

一、有些人的习惯，是先责备别人，然后再责备自己。稍好一些的，是同时责备自己和别人。孔子认为，如果能转变过来，只责备自己，而不责备别人，那就是君子了。规规矩矩做人，实实在在做事，本就是自己应尽的本分。如果做得不好或者不够理想，当然应该求诸己，而非求诸人。

二、孔子认为，只有"无欲"，才称得上"刚"。"无欲"并非清心寡欲，而是无求于人。朱注引杨氏说，将上面三章（15.19 子曰："君子病无能焉，不病人之不己知也。" 15.20 子曰："君子疾没世而名不称焉。" 15.21 子曰："君子求诸己，小人求诸人。"）解释为意义关联的一组。如果是这样，这三章的意思就是："不怕人不知"，"就怕死无闻"，"还得靠自己"。

15.25

子曰："吾之于人也，谁毁谁誉？如有所誉者，其有所试矣。斯民也，三代之所以直道而行也。"

今译

一、孔子说："我对于别人，诋毁过谁？赞誉过谁？如果有被我赞誉的人，那一定是经过我考察验证的。现在的这些民众，都是夏、商、周三代依正直之道教养出来的，我怎能随意加以批评呢？"

二、孔子说，我对于人，不计较毁誉。听到谁诋毁人、谁赞誉人，自己不要轻易下结论。假使有人过分赞誉人，这中间一定有原因。孔子说到这里，不禁感叹："现在这些人啊！"然后他讲另外一句话，夏、商、周这三代的人，不听这些毁誉，秉持直道，不随毁誉而改变。

解读

一、夏、商、周三代，经过孔子的深入了解，认为都能够依天理行事。大家重视天理，凡事凭良心。在这样的时代背景中，经得起考验的，如禹、汤、文、武、周公，当然值得我们尊崇和赞誉。经不起考验的，如桀、纣、厉、幽，我们也应该厌弃。基于这样的原则，孔子表明他的态度，说明他很少对人赞扬，也很少批评、指责别人。主要是未经时间的考验，最好不要贸然加以判断和定论，这样比较妥当。

二、孔子认为，听到毁人誉人的话，不要立即下断语。另一方面也可以说，有人攻讦自己或恭维自己，都不要在意。过分的言辞，无论是毁是誉，其中一定有原因、有问题。所以毁誉不是衡量人的绝对标准，听的人一定要清楚。古人云："谁人背后无人说，哪个人前不说人。"这是常有的事，没什么了不起。《庄子》也曾经说过："举世誉之而不加劝，举世非之而不加沮。"真正的圣人，毁誉都不能动摇。达到全世界的毁誉都不在意的程度，这是圣人的境界、大丈夫的气概。王安石有"天变不足畏，人言不足畏，祖宗不足法，圣贤不足师"的倔劲，他表面上对毁誉不动心，实际上内心还是会受影响。真正能够做到毁誉不动心，这种修养是很难的。

15.26

子曰："吾犹及史之阙文也。有马者借人乘之，今亡矣夫！"

今译

一、孔子说："我还能够看到史书中存疑空阙的地方，有马的人愿意借给善骑的人骑乘。这样的做法，如今都没有了啊！"

二、孔子说，他曾经见过史官在记录中留下的"阙文"，这种空缺是留给后来有识之士去补正的，就如同自己有马，愿意借给懂得骑乘的人一样。然而，他感慨这样的精神在现在已经不复存在了。

解读

一、孔子提倡在遇到不懂的事物时，应保持谨慎态度，留待后来有识之士去补正，而不是轻率地下结论。他批评那些对事物一知半解却擅自做出论断的人，因为这样往往会导致错误的传播。

　　二、孔子通过观察时代变迁，发现有些方面在进步，而有些方面则在退步。他感叹人们往往缺乏辨别能力，对于哪些是进步、哪些是退步并不清楚，甚至不相信高明人士的判断。这反映了孔子对于时代变化的深刻洞察以及对人们认知能力的担忧。

15.27

　　子曰："巧言乱德。小不忍，则乱大谋。"

今译

　　一、孔子说："花言巧语会败坏道德。小事不能忍耐，就会破坏大事。"
　　二、孔子说："花言巧语（比如大话、空话、乱恭维）会搅乱正常的道德。遇到事情不能当机立断，就不能成就大事。"

解读

　　一、"巧言乱德"和"小不忍，则乱大谋"两者之间并没有直接关联。唯一相同的是一个"乱"字。巧言的结果会乱德，小不忍的结果则会乱大谋。凡事要忍耐、包容一些，如果一点小事都不能容忍，脾气一来，就会坏了大事。很多大事的失败都是由于小地方出了差错。
　　二、"巧言乱德"和"小不忍，则乱大谋"这两句话连在一起的意思是：一个思想言论，如果认为是小事情而无所谓，滥慈悲、滥仁爱，往往会误了大事。我们看孔子的作为就知道。他在鲁国当司寇时，上台第一件事就是杀少正卯。因为少正卯言辞虚伪且善于狡辩，会扰乱正道。孔子认为一定要当机立断，马上处理，否则就会姑息养奸，这也就是"小不忍，则乱大谋"。
　　我们对"小不忍，则乱大谋"作了这两种解释，姑且可以这样分开运用：处理事情的时候，"忍"字可作"决断"用；对待他人的时候，"忍"应该作"忍耐""包容"的意思用。

15.32

子曰："君子谋道不谋食。耕也，馁在其中矣；学也，禄在其中矣。君子忧道不忧贫。"

今译

一、孔子说："君子致力于追求真理和道义，而不只是谋求个人的衣食。耕种，有时也可能会挨饿；学有所成，俸禄自然会随之而来。君子担忧的是道义的不能实现，而不是贫困的生活。"

二、孔子说，君子应该专注于如何实现自己的理想和追求真理，而不是过分关注个人的物质需求。相较于耕种，学习更有前景。即使在学习过程中需要忍受饥饿，但只要学有所成，未来便有机会获得官职和俸禄，从而改善生活。所以，君子"谋道不谋食"，"忧道不忧贫"。

解读

一、孔子鼓励弟子们追求真理和道义，以实现济世安民的理想，而非将目标局限在个人的物质享受上。孔子的理想是建立社会公正和追求公共利益，而非为了个人的生活享乐。在现代社会，金钱至上的观念盛行，许多人缺乏理想，只追求利益。在这种不良的社会风气下，我们更应该深思孔子这一思想的启示：我们应该追求真理和道义，而非仅仅关注个人的物质需求；我们应该担忧道义的失落，而非贫困的生活。

二、自从人类社会出现贫富分化以来，就存在着劳心与劳力、治理与被治理的矛盾。孔子对此有着深刻的认识。孔子并不反对耕种，但他认为相较于耕种可能带来的生活困顿，学习更能实现个人的价值和社会的理想。他强调的是追求真理和道义的重要性，而非对某种职业的偏见。

15.33

子曰："知及之，仁不能守之，虽得之，必失之。知及之，仁能守之。不庄以莅之，则民不敬。知及之，仁能守之，庄以莅之，动之不以礼，未善也。"

今译

一、孔子说："一个在位者才智足以治理国事，如果他的仁德不能保持，即便得到那职位，也必然会失去。才智足以治理国事，仁德也能保持，如果不能以庄重的态度治理民众，民众就不会尊敬他。才智足以治理国事，仁德也能保持，又能以庄重的态度对待工作，如果行动不合于礼，也不能算完善！"

二、孔子说，一个人智慧够了，但是不能保持仁德，结果得到的，必定会失掉。才智够了，也能保持仁德，但内心没有庄敬，人家还是不会服气。才智够了，也能保持仁德，内心也庄敬，可是外在的行为动作不合于礼，也不能算是尽善尽美！

解读

一、孔子的这番话对于所有的领导者来说都具有极高的价值。德行为本，才智为末，只有具备了仁德的修养，才智的发挥才能持久并产生深远的效果。当仁德修养深厚，态度庄重可敬时，人们自然会对其产生敬重之情。而只有在坚守岗位的同时，还能将工作做得更加出色，才能算是达到了完善的境地。

二、孔子在这里讲述了学问与修养在处事时应遵循的一些标准。一个人即便拥有智慧与眼光，能够看准时机与机遇，比如买股票时看准了时机赚了钱，但如果贪心不足不能自我约束，不知道适时收手，最终还是会赔本。人生中的大小事务、事业前途以及为人处世都是如此。在做到了"知及之，仁能守之，庄以莅之"这三点之后，外在的行为举止还需要时刻遵守礼仪规范、保持礼貌、遵循法度与规矩。只有做到了这四点，无论是做人、做事、从政还是修养身心、发展事业，才能算是达到了尽善尽美的境地。否则的话，终究还是会存在问题的。

15.34

子曰："君子不可小知而可大受也，小人不可大受而可小知也。"

今译

一、君子不一定在小事上被人赏识，但能够承担重大任务；小人不能够承担重大任务，但在小事上可能被人赏识。

二、君子不能用小事来考验，但可以委以重任；小人不能委以重任，但很容易了解。

解读

一、君子多才多艺，能够担当各种重任，由于是通才，不能用"小知"的眼光来衡量他的才能。但把大事托付给君子，他却能承担得很好。

二、只注重小知的领导，常常重视有小长处的部属，却严重忽视通才型的部属，以致用人不当，提拔部属升迁也不合理。

15.35

子曰："民之于仁也，甚于水火。水火，吾见蹈而死者矣，未见蹈仁而死者也。"

今译

一、孔子说："百姓对于仁的需求，比对物质生活的需求更为迫切。我见过有人因蹈入水火而丧命，却未曾见过因践行仁道而身死的人。"

二、孔子说，人民避仁唯恐不及，有甚于水火。我确实见过因水火而丧命的人，但从未见过因追求仁德而丧生的人。

解读

一、孔子说他目睹过人们因水火而失去生命，却未曾见过因追求仁道而献身的人。由此可见，一般人往往轻视精神层面的追求，而过分看重物质层面的生活。然而，物质生活并非我们所能完全掌控，相对而言，精神生活却可以通过我们的意愿和努力来实现。可惜的是，大多数人忽略了这一点，反而让无法完全掌控的物质生活增加了自己的苦恼，一生难以摆脱这种困境。

二、孔子在这段话中并非强调人民对仁的依赖超越了对水火的依赖，而是指出人民在躲避仁德方面，其惧怕程度甚至超过了对水火的惧怕。这表达了孔子对于当时社会状况的失望。他观察到，尽管人们口头上都称赞仁德，但在现实生活中，他们却往往避之唯恐不及，不愿成为真正践行仁德的人。这种现象并不仅限于几千年前，而是一个普遍存在的社会问题。

卫灵公第十五

15.36

子曰："当仁，不让于师。"

今译

一、孔子说："在面对仁德之事时，即便是面对师长，也不必谦让。"

二、孔子表示，在追求仁义的过程中，如果老师有误，可以提出反对，因为并非老师所言都绝对正确。

三、孔子告诫学生，应坚守真理与正义。当真理与正义明晰时，不必过分顾及师长的意见。

解读

一、在日常生活中，我们对师长自然应该保持恭敬与谦让，这是基本的礼节。然而，在践行仁道的关键时刻，我们必须毫不犹豫地挺身而出，不能因为对师长的礼让而耽误了仁道的实施。

二、孔子强调尊师重道的重要性，但同时他也明确指出，在追求仁道的道路上，每个人都应全力以赴。如果老师违背了道义，学生提出反对并不算是失敬。这种态度后来简化为"当仁不让"，强调了在重视道义方面，即使是师长也不能例外。

三、亚里士多德的名言"吾爱吾师，吾更爱真理"与孔子的"当仁，不让于师"有着异曲同工之妙。两者都强调了真理与正义的重要性，即使在面对师长时，也不能因为尊重而放弃对真理的追求。这种精神是做学问的基石，它鼓励我们在面对权威时，依然要坚持自己的信念和追求。无论是谁，只要关乎正义，我们都应该勇敢地发声，这是古代知识分子一直坚守的信条。

论语别解

15.37

子曰："君子贞而不谅。"

一、孔子说："君子坚守正道，不拘泥于小信小节。"

二、孔子说，君子遵循原则的信，不拘泥于小信。

一、这里的"贞"是守信的意思，"贞"和"谅"都是信，但信与信有所不同。"贞"是遵循原则的信，只要不违背原则，可以有所变通。"谅"则不同，它是拘泥于小信，死守诺言。孔子说"言必信，行必果"，是"硁硁然小人哉"（《子路》13.20）。孟子也说"大人者，言不必信，行不必果，唯义所在"（《孟子·离娄下》）。死守"言必信，行必果"，流于偏执，不知变通，这就是这里所说的"谅"。

二、说话算数原本是应有的修养。但是，有一个重要前提，那必须是合理的事情，才应当说话算数。对于不合理的事情，有时受到外界影响，不得不答应下来，仍然不应该为了信守诺言，去做这些不合理的事情。孔子十分重视信用，却在这里提出"贞而不谅"的主张。可见信用是美德，但不能用来妨碍正道。为了正道，宁可舍弃不应维护的信用，才是合理的。

15.40

子曰："道不同，不相为谋。"

今译

一、孔子说："各人的理念如果不同，那就不必在一起商量事情了。"

二、孔子说，根本原则不同，根本谈不到一块儿去，只好"不相为谋"。

解读

一、"道"有两层含义，《公冶长篇》中所说"道不行，乘桴浮于海"，具有价值判断。这里所说的"道"，只是事实层面的意义，并没有正邪、好坏的判断。各人的选择，当然基于各自的价值标准。但不能因此就肯定自己所选择的道路才是正确的，从而否定他人的选择。彼此尊重，相互包容，才是多元社会的和谐共处之道。

二、信仰是最容易引发争论的问题，也是最难以讨论的问题。"道不同"，指的是根本原则不同，比如政治立场不同、宗教信仰不同、学术见解不同。目的不同，没有办法共同相谋，但并没有说一定要排斥。没有办法互相讨论计划一件事，只好各走各的路。

论语别解

15.41

师冕见，及阶，子曰："阶也。"及席，子曰："席也。"皆坐，子告之曰："某在斯，某在斯。"师冕出。子张问曰："与师言之道与？"子曰："然；固相师之道也。"

一、师冕来见孔子，走到台阶前，孔子说："这里是台阶。"走到座位前，孔子说："这里是座位。"大家坐定后，孔子告诉师冕说："某人在这儿，某人在那儿。"师冕出去后，子张问道："与乐师交谈就是这样的方式吗？"孔子说："是的，这原本就是扶助引导盲者的方法。"

二、一个名叫"冕"的盲人乐师来看孔子，孔子出来迎接他，扶着他，快到台阶时，告诉他这是台阶。到了席位时，孔子又说这是座位，请坐。等大家坐下，孔子就说某先生在你左边，某先生在你对面，很详细地告诉他。等师冕走了，子张就问，老师，您对他的规矩这么多，处处都要讲一声，对待乐师就该这样吗？孔子说，当然要这样，我们不只是因为他的官位才这样；对这种眼睛看不见的人，在我们做人做事的态度上，都应该这样接待他。

解读

一、我们善意对待盲者，是仁心的自然流露，不应有同情或可怜的念头。孔子除此之外，还增添了一份对乐师敬业的尊重。如果乐师不务正乐，演奏一些其他的音乐，孔子大概不会如此用心对待他。

二、师在古代是很重要的文化官员，掌管音乐艺术的大乐师。在春秋时代，乐师与后来的太史令同样重要。古代的乐师，多数是盲人。孔子对师冕照顾得很周到、很耐心，台阶、席位一一指示，这是对待盲人乐师的礼节，孔子称为"相师之道"。说到做人处世，人应该做的，就是要帮助残疾孤苦的人。另外，这里通过孔子接待大乐师的事，烘托出国家的根本在于礼乐。这也代表了孔门的思想，孔子的精神——教人学问的道理究竟在何处。

季氏第十六

16.1

子曰："丘也闻有国有家者，不患寡而患不均，不患贫而患不安。盖均无贫，和无寡，安无倾。"

今译

一、孔子说："我听说，诸侯或卿大夫，不担心财富少，而担心财富分配不均；不担心民众少，而担心上下不能相安。因为财富分配均匀，就无所谓贫穷；民众和谐相处，就不会觉得人少；境内安定，就不会有倾覆之患。"

二、孔子说："据我所知，不论是一个国家，还是一个卿大夫之家，不怕少而怕不均衡，不怕穷而怕不安定。财富均衡了，就没有贫穷；关系和谐了，就不会觉得人少；真正安定了，就不会有危险。"

解读

一、"不患寡而患不均"，现代仍常被引用，表明贫富分配最好不要差距过大，以免引起社会不安。同时，"不患贫而患不安"也常用来警示我们，贫穷不一定引发不安，反倒是在追求富有的过程中，更容易导致社会的不稳定。

二、"不患寡而患不均，不患贫而患不安"这两句话十分重要，在今天仍具意义。"寡""贫"指财富少，属于经济发展问题；"均"指贫富差距小，属于社会公平问题。"和"指和谐，"安"指安定，属于国家安全问题。

在我们个人方面，做人也好，做事也好，这几点都很重要。不管均贫也好，均富也好，均衡了就无所谓贫富了；和了就没有多少问题；真正安定了就没有危险。这是三个大原则。

16.1

子曰："夫如是，故远人不服，则修文德以来之。既来之，则安之。今由与求也，相夫子，远人不服，而不能来也；邦分崩离析，而不能守也；而谋动干戈于邦内。吾恐季孙之忧，不在颛臾，而在萧墙之内也！"

今译

一、孔子说："能够如此（财富分配平均，民众和谐，境内安定），远方的人如果还不归服，就整顿礼乐文教来招引他们。他们既然来了，就要好好安顿他们。现在仲由和冉求啊！你们两个辅佐季氏，远方的人不归服，却不能招引来；国家分崩离析，却不能使之保持完整；反而想要在国内发动战争。我恐怕季氏的忧患，不在颛臾，而在国君的宫墙之内哩！"

二、孔子说："做到这样（财富平均，境内和平团结，境内平安），远方的人仍不归服，就再修仁义礼乐的政教来招致他们。他们来了，就得使他们安心。如今仲由和冉求两人辅佐季孙，远方的人不归服，却不能招致；国家支离破碎，却不能保全；反而想在国境以内动用兵力。我恐怕季孙的忧患不在颛臾，而在鲁君哩！"

解读

一、"远人不服，则修文德以来之"，长久以来，成为中华文化吸引各方民众心悦诚服归来的一种最为和平且合理的方式，大家既来之，则安之，真正能够和而不同。"既来之，则安之"，意思是既然把他们吸引来了，就要安抚他们，让他们安心住下来。"萧墙"是国君所用的屏风，指鲁君。孔子的意思是，季孙氏担忧的根本不是颛臾，而是鲁君。他是怕鲁君惩治自己，而颛臾成为内应。"祸起萧墙"，现代多用来形容发生于自家内部的祸患，或者家庭中的纷争。

二、远人不服，若用军事去侵略人家，强迫人家顺服，那就是霸道。王道不是这样，人家不归服，要反省自身，国家的政治德望，以及个人的修养是否还有不足？从文化根本着手，弘扬自己的文化，奠定自己的国格、人格，充实自己的修养，人家受到感化，自然会来。到了那个时候，"既来之，则安之"，使全世界和平共处，相安无事，天下太平。孔子认为，只知道扩充军备，发动侵略，而内部却分崩离析，众人离心离德，民不聊生，国民经济不稳定，靠在外面发动战争来转移内部的注意力，这是很危险的。孔子说了这番话不久，季家兄弟内部果然出现了问题。所以后世内部发生祸乱，就用"祸起萧墙"这句话，文学上的这句典故也源自孔子之语。

16.3

孔子曰："禄之去公室五世矣，政逮于大夫四世矣。故夫三桓之子孙微矣。"

今译

一、孔子说："爵禄赏罚的大权旁落，不由君主来裁决，已有五代了。政权落入大夫手中已有四代了。所以桓公的三房子孙现在都衰微了。"

二、孔子说，古代分封的禄位离开公室已有五代，政权落入大夫之手已有四代。依据历史演变的规律，三桓的子孙——也就是季氏三兄弟的问题即将出现，不必等到出兵攻打他人，自身就会垮掉。

解读

一、孔子从鲁国的历史变迁中，推断出三桓子孙必将衰微的真正原因。孟子有言："君子之泽，五世而斩"。这意味着一个家族的兴起：第一代艰苦创业；第二代能够守住家业；第三代开始享受；到了第四代，家底差不多被消耗殆尽；到了第五代，上一代的积蓄基本被挥霍一空；到了第六代，一切又需重新开始。祖宗再有道德，有好的修持，他的德性，遗留过不了五代。在教育上，每代自己要知道进修，不进修就完了。

二、从文字表面看，这段话似乎不太重要，但对于研究历史思想来说，至关重要。我们的中国文化强调历史哲学，讲的是"变的史观"。社会、人、时间和空间都在不断变化，世界上没有永恒不变的事物。只有真正理解变化，才能知道如何适应变化，甚至在变化到来之前就引领变化。最优秀的人是自己创造机会，引领变革；次一等的人是在机会来临时，能够抓住并应对变革；而再次一等的人则是失去机会，随波逐流。孔子确实有先见之明，春秋之后的历史，正如他所预言的那样发展。

16.4

孔子曰："益者三友，损者三友。友直，友谅，友多闻，益矣。友便辟，友善柔，友便佞，损矣。"

今译

一、孔子说："有益的朋友有三种，有害的朋友也有三种。与正直的人交朋友，与诚信的人交朋友，与博学多闻的人交朋友，是有益的；与惯于逢迎的人交朋友，与善于谄媚而不诚实的人交朋友，与喜欢花言巧语却不实在的人交朋友，是有害的。"

二、孔子说，有三种朋友交往是有益的，有三种朋友交往是有害的。即跟正直、守信、见多识广的人交朋友有益；跟谄媚、虚伪、能说会道的人交朋友有害。这叫"益者三友，损者三友"。

一、交朋友对于每个人来说都非常重要。结交到好的朋友，可以互相帮助、互惠互利，相互鼓励，团结一心才能更有力量。然而，如果交到不良朋友，迟早会被他们拖累，甚至拖垮，这样的危害是非常大的。在选择朋友时，我们可以通过观察他们阅读的书籍、交往的圈子以及休闲活动来判断其品格。如果有机会，还可以观察他们与家人的相处方式。通过这些观察，我们应该能够对他们的人品和修养有一定的了解。

二、这里讨论的是交友的原则，其中也蕴含着经济学的道理。前文两次提及"无友不如己者"（《论语·学而》1.8 和《论语·子罕》9.25），这实际上是在考虑人际交往的投入产出和成本效益。在选择朋友时，我们应该寻找那些能够带给我们正能量和成长的人，而不是那些可能对我们产生负面影响的人。这样，我们才能在人际交往中实现最大的效益。

16.7

孔子曰："君子有三戒：少之时，血气未定，戒之在色；及其壮也，血气方刚，戒之在斗；及其老也，血气既衰，戒之在得。"

今译

一、孔子说："君子有三件应当警惕戒备的事：年少时，血气尚未稳定，要戒备沉迷女色；到了壮年，血气正旺盛，要戒备与人争斗；到了老年，血气已经衰弱，要戒备贪得无厌。"

二、孔子说，君子有三戒：20 岁以下，血气未定，要戒好色；30 岁到40 岁，血气正盛，要戒好斗；50 岁以上，血气衰减，要戒贪得（贪财）。

一、人只要活着，不论处于哪一个年龄阶段，都必须依照天理行事。稍有疏忽，本能就可能挣脱理性的束缚。一旦被欲望所驱使，就难免会有令人担忧的冲动，从而表现出不恰当的言行。

二、古人认为，人的好色、好斗和贪婪都与血气有关。现代医学则指出，人的性冲动和应激反应与内分泌产生的激素水平（也称荷尔蒙）紧密相连。具体而言，好色倾向与雄激素的分泌有关，而好斗则与肾上腺激素的分泌相关。年轻人气血旺盛，因此更容易受到好色和好斗的冲动驱使，但这些冲动是可以被转移和控制的。随着步入老年，人们不再像年轻时那般豪放不羁，好色、好斗的冲动也随之减弱。然而，老年人可能会寻找新的兴趣爱好，比如投资股票或购买彩票。这些活动即使对于花甲老人来说，也可能具有极大的吸引力。但孔子曾告诫我们"戒之在得"，意味着如果过度追求获取，可能会对身体健康造成不良影响。

16.8

孔子曰："君子有三畏：畏天命，畏大人，畏圣人之言。小人不知天命而不畏也，狎大人，侮圣人之言。"

今译

一、孔子说："君子有三种敬畏：敬畏天命，敬畏位高权重的人，敬畏圣人的言论。小人不了解天命因而不敬畏，对高位的人轻慢无礼，对圣人的言论加以亵渎。"

二、孔子说，有三样东西是君子所敬畏的，一是"天命"，二是"大人"，三是"圣人之言"。小人不敬畏这些，不敬畏天命，不惧怕位高权重的人，还敢亵渎圣人的言论。

一、孔子敬畏天命，当遭遇不顺或身陷困境之时，情急之下便会呼天求助。此处所言的"大人"，乃是君子所敬畏的对象，通常指的是官长。而圣人之言，则是古代圣王所留下的宝贵教诲。

二、"畏天命"这三个字，涵盖了所有的宗教信仰之精髓。至于"畏大人"，这里的"大人"并不仅仅指官职高大之人，更包括对父母、长辈以及有道德学问之人的敬畏之心。"畏圣人之言"，就如同我们研读《论语》、品味四书五经一般，这些都是圣人的智慧之言。纵观历史上的成功人物，他们心中必定有所秉持，用通俗的哲学语言来说，就是有一个信仰、一个主义、一个目标作为他们的核心支撑。倘若没有这个核心，他们便难以成就一番事业。

16.10

論語別解

孔子曰："君子有九思：视思明，听思聪，色思温，貌思恭，言思忠，事思敬，疑思问，忿思难，见得思义。"

一、孔子说："君子有九种深思熟虑之事：观察时，需力求明察秋毫；倾听时，需务求耳聪目明；面色上，应保持温和可亲；举止间，应彰显谦恭有礼；言语中，应坚守诚实守信；行事时，应秉持敬业谨慎；遇疑惑，应勇于提问求解；心愤怒，应虑及后果祸患；见财利，应思量是否合乎道义。"

二、孔子说："君子有九件事要考虑：观察，是不是看明白了；倾听，是不是听清楚了；脸色，是不是和蔼；体态，是不是恭顺；说话，是不是诚实；办事，是不是牢靠；有疑问，该向谁请教；发脾气，有什么后患；有机会拿，是不是该拿。"

一、"思"在这里可以解释为"用心"。看的时候要用心，力求看得更清楚；听的时候要用心，力求听得更完整准确。以此类推，脸色用心表现温和，容貌用心显得谦恭，说话用心保持忠实，做事用心认真负责，有疑惑用心提问，生气时用心避免后患，见到利益时尤其要用心，思考是否应当获取。"见得思义"，提醒我们在面对利益时，很容易忘记义的约束。"君子喻于义，小人喻于利"，自己要做君子还是小人，取决于见到利益时是思义还是忘义。

二、"思"在这里是"考虑"的意思。"色"和"貌"不同，"色"是"脸色"，"貌"是"体态"，即身体的姿态。"言思忠，事思敬"，是指说话要守信，做事要敬业。敬事就是敬业。

16.11

孔子曰："见善如不及，见不善如探汤。吾见其人矣，吾闻其语矣。隐居以求其志，行义以达其道。吾闻其语矣，未见其人也。"

一、孔子说："看到别人的善处，就像追赶什么似的，唯恐追赶不上；看到别人的不善处，就像试探热水的温度一样，唯恐避之不及。我见过这样的人，也听过这样的话。他们在隐居时坚守自己的心志，并且在出任官职时行义以达成自己的道。我听过这样的话，但未曾亲眼见过这样的人。"

二、孔子说，看见好的，唯恐赶不上；看见不好的，就像怕把手放进滚水一样迅速避开。这种人，我见过，他们的话我也听过，其实也没什么了不起。在隐居中坚持自己的信念，竭尽所能推行自己的主张。这样的话我听过很多，但真正能做到的人，我却从未见过。说起来容易，做起来难啊，没人真的会这么去做。

季氏第十六

解读

一、说漂亮话并不难，但真正能做到的人却不多。有机会建立自己的功业，那是时势造就了英雄。没有机会时，仍能坚守自己的意志，这更加显现了人的主动性和创造性。如果能够创造时势，成为英雄，那无疑是伟大的人物。

二、这段话反映了孔子对隐者的批评态度。孔子的特点在于他积极参与政治。尽管他对当时的政治状况不满，但他从未放弃从政的机会。他批评鲁侯、季氏、阳货等人，但仍愿意应他们的召唤出来做官。在国内行不通，他就到国外去尝试；自己行不通，他就派学生去。他曾派学生深入敌方核心，试图进行颠覆活动，但效果并不理想。最终反而是儒家学派自己受到了影响，毕竟胳膊拧不过大腿。

16.14

邦君之妻，君称之曰夫人，夫人自称曰小童；邦人称之曰君夫人，称诸异邦曰寡小君。异邦人称之亦曰君夫人。

今译

一、国君的妻子，国君称她为夫人，她自称为小童。本国人称国君的妻子为君夫人，对外国人则称其为寡小君。外国人称呼她，也称为君夫人。

二、这段话讲述了国君夫人的五种称呼，即国君称其为"夫人"，她自称"小童"，国内的人称其为"君夫人"，她对国外的人自称"寡小君"，其他国家的人称其为"君夫人"。

解读

一、《子路篇》中曾提到："名不正，则言不顺。"因此，孔子非常重视正名的重要性。只有当名称与实际情况相符时，才能称为名正。

二、一般人在介绍自己的妻子时，通常不会直接说"这是我的夫人"，而更常用"这是内人"，或者"内子某某某（姓名）"。在称呼别人的妻子时，可以尊称为"夫人"，以示尊敬。当介绍自己的丈夫时，人们往往不会说"这是我的丈夫"，而是更倾向于说"这是外子"，或者"我的先生某某某（姓名）"。在提及别人的丈夫时，一般会避免直接称呼"你的丈夫"，而会说"你的先生"，或者直接称呼为某先生。在称呼自己的直接主管时，通常只需提及他的职务，如"课长""经理""校长"等，无需加上姓氏。当与直接主管和非直接主管同时在一起时，为了明确区分，可以在称呼非直接主管时加上其姓氏，而直接主管则不加，这样可以帮助听者更清晰地理解不同的关系。然而，在单独与主管相处时，为了表示尊重，最好都不要加上姓氏。

阳货第十七

17.8

子曰："由也，女闻六言六蔽矣乎？"对曰"未也。""居！吾语女。好仁不好学，其蔽也愚；好知不好学，其蔽也荡；好信不好学，其蔽也贼；好直不好学，其蔽也绞；好勇不好学，其蔽也乱；好刚不好学，其蔽也狂。"

今译

一、孔子说："仲由啊，你听说过六言六蔽吗？"子路回答："没有。"孔子说："坐下来，我告诉你。只喜好仁德却不好学，缺点是愚昧无知；只喜好聪明却不好学，缺点是放荡不羁；只喜好诚实却不好学，缺点是自己受害；只喜好率直却不好学，缺点是言行急切；只喜好勇敢却不好学，缺点是造成祸乱；只喜好刚强却不好学，缺点是胆大妄为。"

二、孔子说："仲由！你听过有六种品德便会有六种弊病吗？"子路答道："没有。"孔子道："坐下！我告诉你。'好仁不好学'，其弊病是愚昧无知；'好知（智）不好学'，其弊病是散漫无守（知识无系统）；'好信不好学'，其弊病是容易被人利用反而害了自己；'好直不好学'，其弊病是偏激好斗；'好勇不好学'，其弊病是犯上作乱；'好刚不好学'，其弊病是狂妄自大。"

解读

一、仁德、聪明、诚实、率直、勇敢、刚强，原本是六种值得称赞的美德。若是具有这样的美德，便自以为是而不再好学，不重视学问思辨，那就容易造成愚昧、放荡、受害、急切、惹祸、狂妄的恶果，这就是可怕的六种弊病了。有了美德，还需要通过学问思辨，也就是不断好学，才能保持中和的程度，不致产生不良的后遗症。

二、自谦与自卑，自尊与自大，爱护与姑息，智辩与强辩，忠告与诽谤，容忍与屈服，称赞与谄媚，负责与把持，合作与合污，坚忍与顽固，应变与取巧，自由与放纵，都需要好学、深思、明辨，以便合理把握。

17.9

子曰："小子何莫学夫诗？诗，可以兴，可以观，可以群，可以怨。迩之事父，远之事君；多识于鸟兽草木之名。"

今译

一、孔子说："弟子们，为什么不研读《诗经》？读《诗经》，可以激发情意，提高观察力，陶冶合群性情，抒畅个人的忧怨。近可以侍奉父母，远可以侍奉君主，还可以知晓很多鸟兽草木的名称。"

二、孔子认为，学《诗》的好处有六条："兴"是引出话题，"观"是观察风俗，"群"是处理人际关系（社会学旧译"群学"），"怨"是讥讽时弊，这是前四条。"迩之事父"是近可以孝养其父，"远之事君"是远可以侍奉其君，这是第五条。"多识于鸟兽草木之名"，则属于雅学、地学、博物学和本草学的范畴，这是第六条。

解读

一、《诗经》是作者灵感的真情流露，短短数语却意味深长。它为我们提供高尚道德的方向，并不具体指明固定的道德标准。这使我们拥有很大的想象空间，能够发挥自主性和创造性，充分体悟人的尊严。

二、"观"是双方面的考察，既可以想象作者的心境，也可以观察实际的状况。自己则在两者之间游走，领悟自己应有的品德修养。

17.10

子谓伯鱼曰："女为《周南》、《召南》矣乎？人而不为《周南》、《召南》，其犹正墙面而立也与！"

今译

一、孔子对他的儿子孔鲤说："你研读《周南》和《召南》了吗？一个人如果不研读《周南》和《召南》，就像面对着墙壁站在那里发呆！"

二、孔子对伯鱼说，你研究过《周南》和《召南》吗？孔子说，学诗不学《周南》《召南》，就像前面横着堵墙，后面的东西，什么也看不到。

解读

一、《周南》和《召南》是《诗经》中收集的民间歌谣，主要通过男女爱情的自然流露阐明夫妇之道。孔子是不是在孔鲤即将娶亲之际提出这样的问题，我们不得而知。他说一个人若不研读《周南》和《召南》，好比站在墙壁前面，既看不见什么，也无法前行，这应该是一种及时的教导。

二、《周南》和《召南》，简称"二南"。在今本《诗经》的风、雅、颂中，风在雅、颂之前，而十五国风又以"二南"为首，《仪礼》称其为"正歌"。孔子认为，学诗必须先学"二南"，否则后面的内容一点也看不懂。

17.13

子曰:"乡愿,德之贼也。"

今译

一、孔子说:"不分是非、言行不一、伪善欺世、处处讨好、以忠厚老实为人称道的老好人,是道德的败坏者。"

二、孔子说:"一乡之中貌似忠厚,并以这种假象取悦于众的好好先生,是窃居有德者之位的人。"

解读

一、乡愿这种人,事事没有原则,处处模棱两可,两面讨好,不得罪人。然而在面对大是大非和善恶选择时,他们却毫无定论,表面上看似很有道德,这类人是儒家最为反对的,被称为乡愿。

二、乡愿就是自己不行,却坚决不让别人比自己行。而"君子"是,你们行,你们来;你们不行,我来。

17.16

子曰:"古者民有三疾,今也或是之亡也。古之狂也肆,今之狂也荡;古之矜也廉,今之矜也忿戾;古之愚也直,今之愚也诈而已矣。"

今译

一、孔子说:"古时候的人有三种毛病,现在或许都看不到了。古时候的狂人不拘小节，现在的狂人放荡不羁；古时矜持的人行为方正令人不敢侵犯，现在矜持的人动辄恼羞成怒与人争斗；古时的愚人很直率，现在的愚人却喜欢耍弄欺诈手段。"

二、孔子说，古人有三种毛病：狂（狂放）、矜（矜持）、愚（愚直）。现在就连这些毛病都变了：古代的狂是直言不讳，现在的狂是放荡不羁；古代的矜是严以律己，现在的矜是对人粗暴；古代的愚是过于直率，现在的愚是假装直率。

解读

一、"狂"分两种：一种是自己洒脱自在、无拘无束；一种是无法无天、放纵到别人头上。"矜"也分两种，这个字既有庄重、敬谨的意思，也有急躁、急切的意思。"愚"有真假之分，假装的直，骗人的直，古人称为"卖直"。

二、孔子曾有此感叹：其实，这（指君子的九思或相关品德）恰恰体现了观察人的六大原则之精髓。世人常言"看相"，此"相法"非仅局限于五官之形、掌纹之路，而是深察其人之神态、行事之风范。狂傲、矜持、愚昧，此三者各有其相对之表现，外在可用于观察他人，内在则可作为自我修养之准则。无论是察人还是省己，皆需细心体味，不可忽视。

17.19

子曰："予欲无言。"子贡曰："子如不言，则小子何述焉？"子曰："天何言哉？四时行焉，百物生焉，天何言哉？"

今译

一、孔子说："我不想说话了。"子贡说："老师如果不说话，我们还有什么可以传述的呢？"孔子说："天说了什么呢？四季照样运行，万物生生不息，天说了什么呢？"

二、孔子有一天感慨道："我想永远不说话了。"子贡说："老师您要是不肯说话，不教导我们，我们将来就不懂，也没办法阐述您的思想了。"孔子就说："人为什么一定要说话？真正的学问，不一定靠读死书。观察天地就知道，上天曾经说过话吗？天从来没说过话，可是春夏秋冬四季运行分明，如此有规律；万物在天地之中也照样生长。天地何曾说过什么！"

解读

一、现代有些人过于重视语言的沟通，整天不停地说话，哪里有内省、反思的时间？孔子以天不说话来启发弟子多听、多看、多想、少开口，用心良苦。

二、孔子这里提到天道，老子也非常重视天道。老子讲的"道法自然"，是说天道是自然而然的。我们不要把老子的"自然"理解为现代科学上的那个名词。老子教我们学天道，他讲到人的最高道德修养，就是效法天地。天地孕育万物给人，它不居功，没有自私地求回报，也不想占有，而且天地是平等的，好的坏的、有毒无毒，它都孕育，没有分别，只有生生不息，不求回报。所以人的胸襟、道德、器度能够效法天地，是最重要的。并且教我们在事业方面做到"功成、名遂、身退，天之道也"。一件事情成功了，交给后代，就撒手不管，这是天之道。这也是后世中国文化"天人合一"思想的滥觞。孔子现在提到的，也是这个精神——天道。他说，上天说什么了？自然而然。人的学问也好，道德也好，一切修养，先要明白自己本应如此，我又何必多说！这是中国文化的本位文化，不管儒家、道家都是一样的。

17.20

孺悲欲见孔子，孔子辞以疾。将命者出户，取瑟而歌，使之
闻之。

今译

一、孺悲想见孔子，孔子以生病为由推辞不见。传话的人刚走出房
门，孔子就拿起瑟弹奏唱歌，故意让孺悲听到。

二、孺悲准备来见孔子，孔子让人说自己今天生病了，所以不出来见
客。孔子学生中有执事的人送客，在将要出门的时候，孔子在里面拿起瑟
弹奏，并且还唱歌，故意让孺悲听见。

解读

一、孔子不想和孺悲见面，一定有原因，不过我们无从得知。孔子弹
瑟唱歌，故意让孺悲听到，这是一种暗示，让孺悲知道自己一定有不对的
地方，只要孺悲知错能改，相信孔子会依礼见他。

二、孔子不愿见孺悲，还弹琴唱歌故意让他听见。这一段古人的注
解，多半和朱熹一样，认为这个人可能在某些方面被孔子看不惯，得罪了
孔子，所以孔子不愿意见他，并且明显地表示讨厌他、看不起他。其实孔
子并非这个意思，问题在于孔子为什么要奏乐唱歌给他听呢？假如像古人
解释的那样是为了让他知道自己没生病，孔子在里面说句话或者叫一个学
生的名字都可以，何必奏乐唱歌呢？这就产生疑问了。关键就在"天何言
哉！"真正的学问，不一定需要讨论，甚至是不可以言喻的。孔子不见孺
悲，故意取瑟而歌，就等于是一种不言而教。

17.22

子曰："饱食终日，无所用心。难矣哉！不有博弈者乎？为之，犹贤乎已。"

今译

一、孔子说："整天吃饱饭，一点心思也不用，很难养成良好的德行！不是有掷骰子和下围棋的游戏吗？做这些也胜过什么都不用心。"

二、孔子说："整天吃饱喝足没事干，一点脑筋都不动，这其实是很难受的事。他说，下棋都比这样混日子强。"

三、孔子说："有些人吃饱了饭，一天到晚不肯用心思，真难对付，没有办法教育他了。倒不如学学下棋，还能动动脑筋，总比较好一点。"

解读

一、我们应该以仁心对待世间万物，这才是正道。因此，孔子非常看不起那些整日吃饱却不愿运用仁心的人，他认为这样的人要培养出良好的品德是非常困难的。孔子甚至建议，与其这样，不如去下下棋，动动脑子，或许还能从中体悟到仁心，进一步认识到自己对家庭、国家、民族、人类以及万物的责任，从而更好地利用时间，提升自己。

二、确实有些人"饱食终日，无所用心"。他们或许生来就拥有父母留下的财富，吃饱之后却不知道该如何消遣。有时看到他们，你会觉得他们其实很苦闷，因为一切东西都吃厌了，一天到晚不知道如何度过。孔子说，这种人真的很难应对，与其这样，不如让他们学下棋，至少还能动动脑筋，这样总会更好一些。最怕的就是他们完全不用脑筋。

三、要达到"饱食终日，无所用心"的真正修养境界，实属不易，这便涉及修道的深奥之理。现今有许多人谈论修道，以为修道便是身外万物皆不能扰其心，静坐一处，对周遭一切置之不理。庄子将此称为"坐驰"，即虽身坐一处，心绪却如开运动会般纷扰不停。若要真正使内心达到完全的宁静，实在是难上加难。然而，在此处我们不能如此简单理解，因为孔子接下来还有更为深刻的论述。

17.25

子曰："唯女子与小人为难养也，近之则不孙，远之则怨。"

今译

一、孔子说："只有婢妾和仆人，是难以相处的。亲近了便会无礼，疏远了就会怨恨。"

二、孔子说："只有女子与小人是难以和他们共处的。亲近了，他会无礼；疏远了，他会怨恨。"

解读

一、"唯女子与小人为难养也"，这是孔子的一句名言，如今受到批判，认为孔子守旧，有重男轻女之嫌。这里所指的女子，应当是婢妾之类，自身缺乏修养，却依仗主人的权势，难免会作威作福。"小人"则指仆人，由于狐假虎威，所以太接近时就会不恭敬，而太疏远时就会心怀怨恨。

二、这段话遭受批评，是因为它被认为包含性别歧视，有人试图说这不算性别歧视，因为孔子还提到了小人，而小人指男性。但孔子说的女子是全称，小人只是男性中的一部分，他对女子是全盘否定的，歧视是难以否认的。在孔子那个时代，歧视妇女被视为理所当然。比如孔门弟子，无论是七十贤弟子还是三千弟子，都是男性，没有女性。倘若孔子能活到男女平等的今天，他很可能会首先修正自己的"难养论"。

李泽厚认为，这句话在一定程度上准确地描述了妇女性格的某些特征。对她们亲近，她们有时会过于随便，任意笑骂打闹。而稍一疏远，便会埋怨不已。这种心理性格特征本身无所谓好坏，只是由于性别差异而产生的不同而已。应该说，这是心理学上的某些事实，并不包含褒贬的意思。至于把"小人"与妇女连在一起，这很难说有什么道理。但此"小人"当作普通人或者修养较差的知识分子来理解，也能说得通。但李零教授认为，性别差异不是心理问题，而是社会历史问题。既然说是鄙视，自然属于褒贬。孔子看不起妇女和小人，这事不必为之辩解。

微子第十八

18.2

柳下惠为士师，三黜。人曰："子未可以去乎？"曰："直道而事人，焉往而不三黜？枉道而事人，何必去父母之邦？"

今译

一、柳下惠担任法官，多次被免职。有人说："你不能离开鲁国吗？"柳下惠说："用正直的态度为人做事，到哪里不会被屡次免职呢？用邪枉的态度为人做事，那又何必离开自己的祖国呢？"

二、柳下惠担任士师，因太讲原则而得罪不少人，三次遭罢免。有人劝他，难道不可以离开鲁国去别的国家吗？他说，如果我讲原则，坚持以直道待人，跑到哪儿不遭罢免？如果我不讲原则，左右逢源，为人圆滑，待在这儿也舒舒服服，又何必非要离开自己的祖国？

解读

一、直道事人，容易得罪人；枉道事人，常常有愧于心。这两者之间如何兼顾，以求得合理的平衡，实在是考验当事人的品德修养。

二、春秋战国时期，士的流动性很强，祖国的概念被冲击得支离破碎，但越是在人世漂泊、举目无亲，就越容易引发乡愁。热爱自己的乡土、同胞、文化和生活习惯，是人类共通的情感。

18.3

齐景公待孔子曰："若季氏，则吾不能；以季、孟之间待之。"曰："吾老矣，不能用也。"孔子行。

论语别解

今译

一、齐景公想留止孔子，说："像鲁君对待季孙氏那样的礼遇，我做不到。我将用次于季孙氏、高于孟孙氏的礼节来接待您。"孔子说："我老了，不能受重用了。"孔子于是离开了齐国。

二、齐景公跟孔子讲，用他做官，待遇有多高。他说，你要想像季氏一样在我这儿当上卿，恐怕不行，太高；像孟氏一样在我这儿当下卿，又委屈你；最好还是介于二者之间吧。这是最初的说法。后来齐景公又说，我太老了，无法安排你。孔子只好离开了齐国。

解读

一、"待"，在古代的训诂中，有留止之义，也有待遇之义。这里有两个"待"字，《史记·孔子世家》转述此节，上面的"待"字，司马迁换作"止"字，意思是留止；下面的"待"字，司马迁换作"奉"字，则指付给孔子的俸禄待遇。这是他的白话转述。其实，从文义来看，这两个"待"字，还是统一起来好，都是讲给孔子的薪酬待遇。这里，两个"曰"字后面的话，都是齐景公说的。第二段话不是孔子讲的。孔子离开齐国，是在齐景公三十一年，当时孔子才35岁，不能说老，景公比他大20多岁，说老的只能是景公。景公55岁，按古代的标准可以说老，但景公老不老、工资高不高，都是借口。

二、原本想以礼相待，和孔子见面，后来却直接说出年老不能重用。这样的变化，其中必有缘由。传闻是有齐国大夫想加害孔子，所以齐景公才这样表示。可见我们要判定好意或恶意，必须深入探讨真相，才能正确判断。

微子第十八

261

18.5

楚狂接舆歌而过孔子曰："凤兮凤兮！何德之衰？往者不可谏，来者犹可追。已而，已而！今之从政者殆而！"孔子下，欲与之言。趋而辟之，不得与之言。

今译

一、楚国的狂人接舆，唱着歌走过孔子的车子，唱道："凤呀凤呀！你的德行为什么这样衰微？过去的不能挽回，未来的还可以赶得上。算了吧，算了吧！现在的从政者都很危险！"孔子下车，想要同他交谈。他快步避开，孔子也就作罢。

二、楚国的狂人接舆认为，当时的政治已坏到极点，无可救药。他说，你孔丘怎么这样丢人现眼！过去的错就随它去吧，将来的事还来得及。算了吧，算了吧！现在的从政者都很危险，你还理他干吗？孔子想和他谈话，接舆却不想和他谈话，扭头就走了。

解读

一、李白《庐山谣寄卢侍御虚舟》："我本楚狂人，凤歌笑孔丘。"他是著名的大诗人，居然以接舆自况，对孔子直呼其名。"凤歌"，就是指接舆的歌。"凤"即指孔子，孔子命运坎坷也是事实。过去的不可挽回，未来的还可以赶上，孔子何尝不明白？而从政十分危险，在当时应该是有识之士的共同想法。难怪孔子听了，很想和他交谈，听听他的高见。楚狂接舆是隐者，对于世俗的一切，都看不上。就算有机会，也不愿意出来为公众服务的态度，孔子对此并不赞成。道不同不相为谋，然而孔子依然想和他交谈，实在是常人做不到的气度。

二、佯狂也是一种避世之法。楚狂接舆这类隐者对时政的批判，孔子很欣赏。照理说，两者应该有共同语言。然而他下车想和接舆谈话，接舆却匆忙离去。孔子不追赶，也是顺其自然。行不通才隐居，情有可原。再说人各有志，不可强求。

论语别解

子张第十九

19.12

子游曰："子夏之门人小子，当洒扫应对进退，则可矣，抑末也。本之则无，如之何？"子夏闻之，曰："噫！言游过矣！君子之道，孰先传焉？孰后倦焉？譬诸草木，区以别矣。君子之道，焉可诬也？有始有卒者，其惟圣人乎！"

今译

一、子游说："子夏的学生，在洒水扫地、应对、进退这些方面是可以的，不过这些都是末节，做人的根本道理却没有学到，怎么可以呢？"子夏听了，说："唉！言游错了！君子的道理，哪一项先传授，哪一项后传授？譬如花草树木，有各种类别，区分得很清楚。君子的道理，怎么可以不分先后深浅一概而论地教授呢？有始有终的，大概只有圣人了吧！"

二、子游说："子夏的学生，在接待宾客的各种礼仪细节，言行举止都得体，可是这些都是细节，却失去了礼仪的根本，也就是道，这怎么行呢？"子夏听了，说："唉，言游错了！谁先传道，谁后疲倦。传授君子之道，就像草木，要一样一样分类，从细节差异入手。君子之道，怎么可以不循序渐进地传授呢？有始有终（只不过是有恒心的人），根本不是圣人！"

解读

一、子游主张由做人的基本学识入手，而子夏则认为从有形的生活细节中去体悟做人的道理。

二、子游认为子夏有末无本，他的学生太注重礼仪的微末细节，失去了礼仪的根本，也就是道，捡了芝麻，丢了西瓜。子夏认为人都是从小事做起，学道就要从"洒扫、应对、进退"这些小事做起。子夏重小道，子游重大道，这是两者的不同。

尧曰第二十

20.3

孔子曰："不知命，无以为君子也；不知礼，无以立也；不知言，无以知人也。"

今译

一、孔子说："不知道自己的命运和使命，就不能成为君子；不知礼，就无法立足于社会；不知辨识别人语言的是非，就无法辨别别人的好坏。"

二、孔子说："不知天命，就不能成为君子；不知礼（社会性的纲常伦纪、行为规范），就不能自立；不能辨识别人说出来或写出来的言语，就不能了解他人，理解他人。"

解读

一、"命"包括命运和使命，知命就是知道自己的命运，并抉择自己所要达成的使命。生老病死是人生必经的途径，我们知命，表现在既然生而为人，在接受命运的同时，抉择自己此生所要完成的使命，竭尽所能，做到什么程度就完成到什么程度，但求死而无憾，毫无愧疚。

二、"命"是天命，在人事之上，最难以预测。命有两种：一是死生寿夭，即性命之命，死生有命的"命"；二是穷达祸福，即命运之命，"富贵在天"的"命"。虽然古代的术家和医家，现在的科学家，他们相信，人对命多少还是有一些影响力，可以预测或改变它们，比如现在，人的平均寿命提高了，刮不刮风，下不下雨，也可以预测了，但归根结底，这两种命，都是穷人力，竭智巧，而最终难以操控的东西。孔子敬畏天命，认为不知命，不能做君子。

附录 行之有别

孔子是道德先生，修行最重要。他讲德行，主要有这几种：

一、仁

仁字和人字有关。第一、他是一种"人其人"的概念。用最通俗的说法，就是拿人当人：首先是"修己"，拿自己当人；其次是"安人"，拿别人当人。讲"仁人"，孔子的解释是："己欲立而立人，己欲达而达人"（《雍也》6.30）、"修己以安人"（《宪问》14.42）。

孔子讲仁，表面是回答仁，其实是讲其他范畴。如：

1. 颜渊问仁，他说"克己复礼为仁"（《颜渊》12.2），就是讲礼，强调个人与礼的关系。

2. 仲弓问仁，他说"己所不欲，勿施于人"（《颜渊》12.2），就是讲恕，强调个人和他人的关系。

3. 樊迟问仁，他说"居处恭，执事敬，与人忠"（《子路》13.19），则把仁分解为三种德。

4. 子张问仁，他说"恭、宽、信、敏、惠"（《阳货》17.6），则把仁分为五种德。

另外，孔子论仁，常以智、勇为器用，与智、勇并说。如：

1. "知（智）者乐水，仁者乐山。"（《雍也》6.23）

2. "知（智）者不惑，仁者不忧，勇者不惧。"（《子罕》9.29）

3. "仁者必有勇，勇者不必有仁。"（《宪问》14.4）

4. "知（智）者及之，仁不能守之，虽得之，必失之。知（智）及之，仁能守之，不庄以莅之，则民不敬。知（智）及之，仁能守之，庄以莅之，动之不以礼，未善也。"（《卫灵公》15.33）

二、义

义字，古人的解释是宜，即应该怎么做。它是道德自律，对人有一定的约束力。

义和礼不同，礼是外部规定，义是内心约束。礼比义，更多强制。

孔子讲君子小人，有义利之辨。君子以义为准，不义之物不取，不义之得不居。小人不同，唯利是图，一切以利为转移。如：

1. "君子之于天下也，无适也，无莫也，义之与比。"（《里仁》4.10）

2. "君子义以为质。"（《卫灵公》15.18）

3. "君子喻于义，小人喻于利。"（《里仁》4.16）

4. "不义而富且贵，于我如浮云。"（《述而》7.16）

5. "见利思义"（《宪问》14.12）、"见得思义"（《季氏》16.10）。

三、孝

孝与考、老同源，和养老的概念有关。人子事父母，为人伦之本。在孔子看来，也是治道之本。它是社会关系的基础。

孔子论孝，有五点值得注意。

1. 孝的基本含义，是孝顺、孝敬，事事顺父母，敬父母，活着死了，都要孝顺、孝敬。不但父母在，绝不违背；父亲去世后服丧三年，也不改父之道，孔子叫"无违"。

2. 孝是孝养，父母老了，总得有人养，但只养不敬，无异养牲口。

3. 当儿子的，要留心父母的年龄，他们天增岁月人增寿，既令人高兴，也令人操心（《里仁》4.21）。生病，更是令人发愁（《为政》2.6）。只要父母还健在，绝不出门远游（《里仁》4.19）。

4. 孝是连续体，父母死后，服丧很重要。孔子讲三年之丧。

5. 孝和慈总是双向关系。父母爱子女叫慈，子女爱父母叫孝。"孝慈"见于《为政》2.20。

另外，和"孝"有关，还有弟（亦作悌）。古代宗法制，是长子继承制，孝敬大哥，就是孝敬父亲的继承人。孝，是子孝父；弟，是弟事兄。孝弟两者经常连言。

四、忠

忠，是尽心尽意。孔子强调，为人谋事，一定要全心全意，真心真意。忠是事人之道，为人谋事之道。

忠和好几个概念有关。

一是孝。孝是忠的基础。孔子说，"孝慈则忠"（《为政》2.20）。

二是信。孔子常以忠、信并说，频率很高。忠者，主于心；信者，主于言。

三是恕。忠是尽心，恕是将心比心。两者相通。孔子说，"吾道一以贯之"，这个道是什么？曾子说"夫子之道，忠恕而已矣"（《里仁》4.15）。

四是敬。忠者事人，敬者敬事。孔子说，"君子有九思"，其中有"言思忠，事思敬"（《季氏》16.10）。

参考文献

[1] 曾仕强，曾仕良.论语的生活智慧［M］.西安：陕西师范大学出版社，2009.

[2] 陈来.《论语》的德行伦理体系［J］.清华大学学报（哲学社会科学版），2011，26（01）：127-145.

[3] 陈少明.《论语》的历史世界［J］.中国社会科学，2010（3）：38-50.

[4] 樊浩.《论语》伦理道德思想的精神哲学诠释［J］.中国社会科学，2013（3）：125-140.

[5] 顾之川.论语文学科核心素养［J］.中学语文教学，2016，（3）：15-17.

[6] 黄怀信.《论语》中的"仁"与孔子仁学的内涵［J］.齐鲁学刊，2007（1）：5-8.

[7] 李健胜.《论语》与现代中国［D］.陕西师范大学，2012.

[8] 李零.丧家狗——我读《论语》［M］.太原：山西人民出版社，2009.

[9] 刘宝楠.论语正义［M］.北京：中华书局，1990.

[10] 南怀瑾.论语别裁［M］.上海：复旦大学出版社，2005.

[11] 王世明.孔子伦理思想发微——现代生活语境中的《论语》解读［D］.清华大学，2004.

[12] 杨伯峻.中国古典名著译注丛书·论语译注［M］.北京：中华书局，2009.